别让股权陷阱害了你

做好股权激励100问

单海洋 ◎ 著

北京大学出版社
PEKING UNIVERSITY PRESS

内 容 简 介

想和朋友一起创业,不知道股份该如何划分怎么办?
想融资,不知道如何保障自己的控制权怎么办?
工资一涨再涨,依然不能调动员工的积极性怎么办?

企业要想取得长久发展,就必须学会在激励的基础上适当赋能。股权激励分的是增量,绝非存量,是用明天的钱来激励今天的员工。股权机制设置不合理,凭什么让员工死心踏地跟着你干!本书共9个章节,100个知识点,汇集了4000多位合伙人提出的问题,从实战出发,专家解读,一对一探讨股权那些事儿。

图书在版编目(CIP)数据

别让股权陷阱害了你:做好股权激励100问 / 单海洋著. —北京:北京大学出版社,2019.1
ISBN 978-7-301-30046-6

Ⅰ.①别… Ⅱ.①单… Ⅲ.①股权激励—研究 Ⅳ.①F272.923

中国版本图书馆CIP数据核字(2018)第255932号

书　　　　名	别让股权陷阱害了你:做好股权激励100问 BIERANG GUQUAN XIANJING HAILENI: ZUOHAO GUQUAN JILI 100WEN
著作责任者	单海洋　著
责任编辑	吴晓月
标准书号	ISBN 978-7-301-30046-6
出版发行	北京大学出版社
地　　　　址	北京市海淀区成府路205号　100871
网　　　　址	http://www.pup.cn　新浪微博:@北京大学出版社
电子信箱	pup7@pup.cn
电　　　　话	邮购部 010-62752015　发行部 010-62750672　编辑部 010-62570390
印　刷　者	北京市科星印刷有限责任公司
经　销　者	新华书店
	720毫米×1020毫米　16开本　14.5印张　221千字 2019年1月第1版　2021年10月第3次印刷
印　　　数	8001–10000册
定　　　价	58.00元

未经许可,不得以任何方式复制或抄袭本书之部分或全部内容。
版权所有,侵权必究
举报电话:010-62752024　电子信箱:fd@pup.pku.edu.cn
图书如有印装质量问题,请与出版部联系。电话:010-62756370

序言
FOREWORD

首先，感谢您翻开本书。

在给本书写序言时，我思绪万千，本书能顺利问世并在众多图书中被您选中，大概是我们的共同信念所致，也是缘分使然。

一位真正优秀的大企业家，必定拥有宽阔的胸襟和成就他人的美德。每一位员工看似追随着企业，实则追随着自己的梦想，当企业家视他人的梦想为自己的梦想，并且能礼下于人时，那么，天下有识之士就会慕名前来，企业做大指日可待，企业基业长青也未尝不能。正如商界领袖马云，短短十几年就改变了人们的生活习惯，创造了行业神话，而他的企业使命正是，让天下没有难做的生意。这种心系天下的情怀，是企业家的胸襟，更是企业家的智慧。

我从事企业股权激励培训数十载，服务过的企业上万家。在这个汹涌澎湃的时代浪潮中，我目睹过一些企业令人心惊胆战的陨落，但是，更多的是见证了企业激动人心的辉煌：从蜗居在十几平方米的办公室里的小公司发展壮大成上市企业；从街头小火锅店发展成遍布全国甚至全球的连锁餐饮店。这些切实发生在身边的案例，无不验证了股权激励的神奇。股权激励是企业家实现员工梦想的捷径，是企业家博大心胸和经营智慧的体现。身为讲师，每当看到经我帮助将股权激励落地的企业走上发展壮大之路时，我在佩服这些企业家经营之道的同时，也深深感到自身责任的重大。

我本是性情中人，即使在讲台上也没有照本宣科的习惯。但是在管理企业时，我坚持遵循制度化和数据化管理原则，因为我始终认为：没有制度的约束，人性就会作祟。制度是束缚人性之恶的最好牢笼，而业绩数据则是执行力的最佳代言。在探讨企业管理时，我更喜欢与学员做思想上的深度交流，听他们分享成功或失败的经验。理论固然重要，但没有经过实践佐证的理论只不过是纸上谈兵罢了。

我于2009年创立华一世纪，2017年该企业被评为中国中小企业协会副会长单位，同时被设为中国中小企业协会股权激励研究中心，我本人也获得中国中小企业协会副会长殊荣。这一路走来，我深知创业的艰辛，所以，我特别希望能将我的创业经验及股权激励方法分享给创业者，帮助在创业投资、企业管理方面心存疑问的众多创业者少走弯路。

在撰写本书之初，我曾设想了很多方案，最后决定用最直接的提问方式来完成书稿。我从这些年来自学员的疑问中选取了一些具有代表性的问题，整理成了100问。这些问题覆盖了创业、股权激励、融资、投资等各方面的内容，从知识点、难点到注意点，全方位地为读者答疑解惑。我尽量通过浅显易懂的语言来解释枯燥的股权融资等相关概念，以便读者能轻松阅读。书中还采用了大量的现实案例，来辅助阐述晦涩难懂的知识难点和注意事项，以此来帮助读者进一步理解内容。此外，对于书中提到的"135"渐进式激励法，还提供了80分钟的教学视频，请读者扫描下方二维码关注"博雅读书社"微信公众号,找到"资源下载"栏目,根据提示获取资源。

创业之路布满荆棘和鲜花,我力所能及的就是拨开丛草,露出荆棘,让每一位企业家看见荆棘,避开荆棘,从而收获鲜花。本书是我十几年来教学经验的结晶,还有很多不足之处,敬请读者批评指正(联系邮箱:751870735@qq.com)。股权激励之路任重而道远,我所得之道不过冰山一角,但是我会坚持在这条路上走下去,不断实践和探索,与志同道合者分享新的成果。

最后,再次感谢您的信任与选择。

目录

第1章

分股合心，掌握股权的神奇魔力

第1问　没资金、没业务，小企业如何留住员工？// 2

第2问　员工积极性不高，对公司薪酬制度不满怎么办？// 4

第3问　做了股权激励，老板是不是就赚得少了？// 6

第4问　企业为什么要选股权激励制度，而不是股权奖励制度？// 9

第5问　股权分配落地时，如何进行风险管控？// 11

第6问　员工入股应明确哪些核心要点？// 13

第7问　老板想分股给员工，员工不愿意买怎么办？// 15

第8问　对于跟不上发展步伐的元老级员工，企业能给股权吗？// 18

第9问　公司直接发放股权有何利弊？// 20

第10问　公司年年盈利，小股东却分不到钱，怎么办？// 21

第11问　企业流动资金短缺，还要继续给员工分红吗？// 23

第12问　股权给出去了，却没达到激励目的怎么办？// 25

第13问　股权分散的公司如何摆脱治理困局？// 27

第2章
创业股权：从0到1，初创企业绕不过的股权难题

第14问　创业初期资金从哪里来？　// 30

第15问　有潜力的创业项目如何让天使投资占股少？　// 32

第16问　天使投资人通过哪些方面来判断一个早期创业者的好坏？　// 34

第17问　吸纳新投资，是不是钱越多越好？　// 36

第18问　创意、技术、资金、资源如何作价入股？　// 38

第19问　创业公司里，工资和股权该如何权衡？　// 40

第20问　股权分配什么时候谈比较合适？　// 42

第21问　企业在做股权设计时必须注意哪些问题？　// 44

第22问　占股51%以上，真的能完全控股吗？　// 48

第23问　创业公司如何快速提升业绩？　// 50

第24问　创业企业破产，只有分红权没有表决权的员工是否需要承担责任？　// 52

第25问　如何避免被小股东"绑架"？　// 53

第3章

合伙人股权：合伙打天下之前，应定好分天下的规则

第26问　哪些股权结构像一个定时炸弹，可能会随时爆炸？// 56

第27问　给合伙人分配股权之后，发现其能力与股权不相符怎么办？// 59

第28问　合伙人要工资，给还是不给？// 61

第29问　合伙出资创业，有人出力，有人不出力，股权应该怎么分？// 63

第30问　合伙人退出，当时投的钱怎么处理？// 64

第31问　合伙创业如何约定退出条款才能对公司更有利？// 67

第32问　合伙人在企业不同的发展阶段贡献不同，股权比例怎么变？// 69

第33问　计划上市的企业适合全员持股吗？// 70

第34问　核心高管频繁离职，用什么办法才能留住他们？// 73

第35问　员工离职后不愿退股怎么办？// 75

第36问　股权代持协议是否有效？存在的风险及防范措施是什么？// 77

第37问　前期股份设置不合理，后期如何处理？// 80

第38问　合伙人拒绝参加股东会或拒绝签收会议通知，应如何处理？// 82

第39问　给予技术合伙人的股权和期权的区别在哪里？// 84

第4章

注册公司股权：注册公司不是过家家，"有钱任性"只有死路一条

第40问　注册公司不能任性，什么类型的公司更有优势？// 88

第41问　公司的注册流程是什么？要交哪些税？// 90

第42问　10万元、50万元能注册什么样的公司？它们之间又有何区别？// 92

第43问　小微企业在注册初期如何省钱？// 94

第44问　如何促进企业上下游的深度合作？// 96

第45问　公司准备扩张，是设立分公司好还是设立子公司好？// 100

第46问　创业公司一般不是股份公司，如何给期权？// 101

第47问　企业为了留住人才而给注册股合适吗？// 103

第48问　按照实缴制注册公司，年底合伙人出资未完全到位，此时应如何分红？// 106

第5章

股权融资：筹钱，筹人，筹智慧，筹资源

第49问　企业融资，究竟该用股权融资还是债权融资？ // 110

第50问　融资时，如何设计股权才能保证控制权不丢失？ // 112

第51问　如何设置合理的创始人股权回购条件？ // 114

第52问　明股实债模式的融资原理是什么？如何保证资金安全？ // 116

第53问　如何处理好融资时股权稀释和创始人决策的关系？ // 118

第54问　A、B、C轮融资，优先稀释谁的股份？对股权架构有什么要求？ // 120

第55问　企业融资时应该如何估值，一般出让多少股权比较合适？ // 122

第56问　在签署股权投资协议时，企业负责人要注意什么？ // 124

第57问　股权众筹是有限合伙好还是代持好？ // 126

第58问　股权众筹平台能否代替天使投资或风险投资？ // 129

第59问　什么阶段的融资适合通过股权众筹来实现？ // 131

第60问　互联网非公开股权融资和私募股权融资有什么区别？ // 132

第6章

股权投资：人无股权不富，当下是股权投资的黄金时代

第61问   股权投资真的能一夜致富吗？ // 136

第62问   VC如何判断项目早期是否值得投资？ // 138

第63问   如何确定未上市企业利润的真实性？ // 139

第64问   普通个人如何参与股权投资？ // 141

第65问   普通股权投资人无法律师一样做尽调，如何防范风险？ // 143

第66问   如何选择优秀的私募股权投资基金？ // 145

第67问   借钱投暗股应注意什么？ // 146

第68问   增资扩股后，股东持股比例怎么算？ // 148

第69问   长期股权投资到底难在哪里？ // 151

第70问   如何了解借款人在非银行金融机构和民间的隐性负债？ // 153

第71问   长期股权投资的成本法与权益法有何区别？ // 155

第72问   公司说如果上市，员工可以持股，那员工买不买？ // 157

第73问   如何判断一个股权众筹项目是否靠谱？ // 159

第7章

夫妻股权：清官难断家务事，但一定要明断夫妻股权关系

第74问　股东将公司财产和家庭财产混在一起怎么办？// 164

第75问　夫妻之间转让股权还需要缴税吗？// 165

第76问　擅自转让属于夫妻共同财产的股权，具有法律效力吗？// 166

第77问　夫妻一方婚前持有的股权，婚后产生的收益是否为夫妻共同财产？// 168

第78问　夫妻店的股权如何设计比较合理？// 170

第79问　夫妻间的转让协议如何签订才有效？// 172

第80问　离婚分割股权有哪些方式？// 173

第81问　老公让我拿嫁妆钱买他们公司的原始股，可行吗？// 175

第8章

股权转让与继承：合法捍卫你的股权财富

第82问　股权转让流程是什么？有哪些注意事项？// 180

第83问　大股东不同意小股东转让股权，或故意刁难其股权转让怎么办？// 182

第84问　在不继续出资的情况下，如何防止控制权被稀释？// 184

第85问　出资未到位或者到位后抽逃资金的股东可以进行股权转让吗？// 186

第86问　股权转让协议有哪些内容？无效的情形有哪几种？// 188

第87问　股权100%转让后，目标公司所欠税款由谁承担？// 189

第88问　代持的股权变现后收益归谁所有？// 191

第89问　创始大股东去世后，股权如何处理？// 192

第90问　父亲是职工持股会的一员，子女能否继承他的股权并享受分红待遇？// 194

第91问　未成年继承人要求继承股权，被公司拒绝怎么办？// 196

第92问　股权是否可由多个继承人继承？// 198

第93问　股权继承需要缴税吗？可以规避税款吗？// 199

第94问　如何办理股权继承的手续？办理股权继承公证需要提交哪些材料？// 201

第9章

股权战略大跃迁：弯道超车，迎接中国"股权时代"的到来

第95问　开放融合时代的大趋势下，中国股权市场未来将如何发展？　// 204

第96问　为什么说未来10年是股权投资的10年？个人如何参与？　// 206

第97问　如何设计中小企业未来10年的股权规划目标？　// 208

第98问　如何用股权众筹支持企业的创新发展？　// 210

第99问　股权相关政策未来可能出现哪些变化？　// 212

第100问　在股权设计方面，企业未来面临的最大风险是什么？　// 214

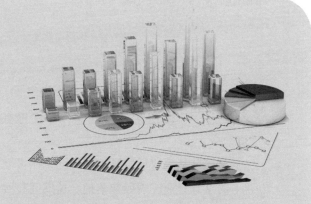

第1章

分股合心,掌握股权的神奇魔力

股权分配机制是企业发展的核心,是一切企业行为的根本指向和最终落脚点。恶劣的市场环境没有让企业家心生胆怯,竞争对手的穷追猛打也没有让他们一蹶不振,但是曾经一同打拼的兄弟及共同打下的"天下",却常常让他们一筹莫展。的确,打天下难,坐天下更难。不懂股权激励,往往坐不稳天下。分出去的是股权,收回来的是人心,当企业将股权激励设计得恰到好处时,员工就会众志成城,企业发展自然指日可待。

第1问　没资金、没业务，小企业如何留住员工？

我和团队从事股权激励培训咨询工作将近10年，为20多万学员答疑解惑，帮助5万多家企业实现股权落地。这期间我看到了不同企业的各种问题，而很多问题往往很普遍也很现实，如"没资金、没业务，小企业如何留住员工？"这样的问题看似空泛，但着实让人一筹莫展。不久前，我还接到过我堂弟的电话，他正是为了这个问题在发愁。

> 堂弟三年前在老家创办了一家公司，主要做建材批发生意。建材批发生意的好坏与房地产的兴衰息息相关。近年来，老家的房地产行业不太景气，导致他们的业务不断萎缩，利润率降低，资金周转困难，员工也逐渐流失。对此，他焦头烂额，经常夜不能寐，大把大把地掉头发。说完，他长叹一声："铁打的营盘流水的兵啊，这兵都快流失光了，就剩我一个光杆司令苦苦支撑了。"

像我堂弟这样的中小企业在发展瓶颈期都会面临一个问题——员工流失。新人试用期还没过就离职，做了几个月、业绩还不错的员工也突然递上辞呈，甚至有些创业之初就进入公司的元老级人物也动了离职的念头。

我们都知道人才是企业持续、良好发展的根本，身为企业负责人，只有留住优秀的员工，才能让企业渡过"生死劫"而立于不败之地。那么没资金、没业务的中小企业该如何留住员工呢？让我们从员工离职的原因开始寻找答案。

我曾调查过一些离职员工的离职理由，多数答案非常官方，如觉得自己并不适合这份工作、由于自身原因导致无法继续任职等。而事实上，当他们到其他企业做相同的工作时，却往往能做出不菲的成绩。由此可见，员工离职的理由很多时候都是善意的谎言。只有真正与离职员工进行深入的私人聊天时，才能得到真实的答案，如薪资待遇一般、工作安排不合理、管理层没有人情味、看不到发展前景等。

所以，想要真正留住人才，企业领导人就要时刻自省，看看公司给员工的薪水是否符合市场行情、对员工的身心健康是否关心到位、企业文化是否完善、能否让员工实现自我价值并产生归属感。最重要的一点就是能否建立股权激励制度，让员工看到希望和美好的未来，并且有足够的发展空间去实现。

股权激励算是近年来极受欢迎的人才激励方式，合理地运用股权激励制度，为员工创造一个"利益共同体"的大环境，让每个人都有机会得到股权，这样才能有力地提高员工的积极性和企业责任心。在具体做法上可以分几个阶段去实现。

在企业创立初期，创始人可以向核心人才提供机会：当他们达到某些条件后，给他们购买企业股份的权利。这样一来，企业的运营状况将直接关系到员工的利益，员工会更愿意为企业付出，更愿意将自己当成企业不可或缺的一分子。

当企业处于成长期时，股权激励对员工而言会更具有吸引力。股权形式不同，激励的作用也不同。下面来了解一下几种股权的不同作用。

1. 干股

干股是一种特殊股权，可以享受分红但没有实际产权，不涉及管理。很适合作为中小型企业的一种激励制度，既不会分散股权，又能很好地调动员工的积极性。

2. 岗位股权

岗位股权是与员工的岗位相对应的。这种激励方式非常适合吸引人才，通常由企业建立职工持股会，使员工感觉到自己是企业的主人，企业的荣辱直接关系到自己的荣辱。

3. 知识股

知识股是根据人才的特殊性给予的一种股份。对人才进行合理的评价后，在确保人才和企业双方利益的情况下，分出部分股份专门用于吸引人才。

4.贡献股

员工在为企业创造了一定价值后，企业给予员工适当的股份奖励，即贡献股。这样的奖励制度非常适合正处于产权改革期的企业。

人可以暂时没钱，也可以忍受暂时的困难，但是不能没有希望。如果没有盼头，就像行走在永无光明的黑夜，会彻底击垮员工的斗志和信心。而股权激励就像黑夜中的启明星，在指引方向的同时，还能告诉我们黑夜不会太久，光明总会来临。

在听从我的意见后，我堂弟便在公司内部实行了股权激励制度，效果比较明显，员工一个个都跟打了"鸡血"似的，同心协力、众志成城，业务量不断提升，企业很快便渡过了难关。过年时他来我家拜年，眉眼间都是笑意——2017年全年营业额比2016年翻了一倍还多，大家摩拳擦掌，打算在2018年大干一番。

第2问　员工积极性不高，对公司薪酬制度不满怎么办？

陈总是一家足浴店的老板，经过三四年的苦心经营，积累了一批忠实的顾客，企业业绩较成立之初也有了显著提升。但是今年，企业在发展上碰到了困难。一方面，公司管理逐渐正规化；另一方面，员工积极性有所下降，经常出现迟到、早退、请假等现象。员工都在窃窃私语，表示对公司薪酬和待遇不满。陈总看在眼里，急在心里，向我咨询该怎么办。

相信很多企业都遇到过这种问题。基于这个问题的普遍性，我带领团队在很多企业特意做了此类调查。调查报告显示：在同样的奖金制度下，一部分员工宁愿选择底薪较低的企业，也不愿意去底薪较高的企业工作，而做出这样选择的理由竟是缺乏归属感。

世界上最长久的组织有四种：宗教、军队、学校、家庭。宗教靠信仰，军队靠目标，学校靠成长，家庭靠关爱——没有一个是靠金钱的。薪酬重要吗？非常重要，但还没有重要到万能的程度。马云说过，员工为什么辞职，其实总结起来就两点原因：一个是钱没到位，另一个就是心委屈了。在我多年接触的企业中，因后一个原因辞职的员工人数丝毫不亚于前一个。并且经过我们调研得出数据，85%的员工加入一个企业与薪酬有关，而85%的员工离职与薪酬无关。有些老板不懂这个道理："我给你钱了，你就得给我好好干！""工资这么高，你为什么不留下来？""我这儿工资高，还怕招不到人？"……在他们心中，金钱万能、薪酬万能。

薪酬确实是员工积极性的主要动力源泉，如果一个公司为员工提供的薪酬无法保证员工的基本生活需要，员工连吃饱穿暖都无法满足，自然不会有多少工作积极性。但如果薪资与行业平均水平相差无几，却依旧不能调动员工的积极性怎么办？

我的答案是，给员工创造归属感。当然，这里讲的归属感不仅仅是"公司是我家"这种简单而公式化的标语。真正的归属感是让员工意识到自己与公司是一体的，公司的利益能为自己带来更多的薪酬、发展空间甚至成就感。

言及于此，接下来要解决的问题便是如何提升员工的归属感。提升归属感的办法有很多，最简单直接的办法就是给予员工适当的股权激励，让员工拥有股份。只要员工与老板统一立场，在员工的心里，企业就会从"老板的"变成"我们的"。从前是努力赚工资，现在是努力让公司做好、做大、做强。有了这样的归属感和已知的目标，员工的积极性自然会有显著提升。

员工和老板之间的矛盾大多源自立场不同，老板需要员工为企业创造利润，而员工的目的则是个人收益。股权激励将两者放到了同一立场上，员工拥有股权后所创造的价值将不再局限于个人的收益,企业的营运状况也会直接影响到员工的股份红利。有了这样的制度,员工将更加努力地为公司创造价值。

案例中的陈总,在经过前期交流和分析后,接受了我们的"企业归属感"经营理念,并成功为企业导入股权激励制度,员工的士气一下提高了。员工会因为自己工作的好坏而得到相应收益或承受相应损失,这种带有风险的经营感有效地激发了员工的主动性和创造力。并且与老板站在同一立场思考如何将企业做大、做好,也能更好地激发技术人员和市场人员的灵感。在为公司创造价值后,员工可以直观地看到自己将能得到的利润,从而产生成就感和归属感。事实上,在股权激励制度导入后8个月,陈总的公司就完成了全年的业绩指标。

归属感三个字说时容易做时难,需要企业拥有一颗强大而包容的心,就像将军迎接战场上战败而归的士兵一样。没有指责,没有抱怨,有的只是帮你包扎伤口,重整旗鼓继续上阵。企业给员工的归属感,也许掺杂着利益关系,也许还有爱恨纠葛,但是始终有一个承诺在那里:你不是一个人在战斗,我们始终站在你背后。

第3问　做了股权激励,老板是不是就赚得少了?

吴总从事技术软件开发工作,2013年从单位离职,自己创办了一家信息技术有限公司。吴总编程技术过硬,加上前期积累了一定的客户资源,公司自成立以来,业绩一直不错。2017年他给自己定了目标:公司业绩指标达到1 000万元。但是以公司目前的实力,似乎有些吃力。经朋友介绍,他向我咨询股权激励方案,但是又有些担心:股权激励制度导入后,自己是不是就赚得少了?

作为老板，常常希望自己能百分百控股，拥有绝对的决策权。但是，综观国内外优秀企业家比尔·盖茨、巴菲特、柳传志、任正非、王石、马云……没有一个人在自己所在企业占股比例超过5%，而且他们每个人都深谙股权激励之道。有很多老板在企业持股超过20%甚至超过50%，但每到发工资的时候，他们还在到处筹钱解决员工本月的工资问题。即便如此，每次股权激励课程结束后，还会有一些处于事业起步期的老板来问我："给员工分了股份，我这个当老板的是不是就赚得少了？"

汉语言文化博大精深，有一个词用来形容这种情况再贴切不过，叫作"吃独食"。须知，"吃独食"肯定无法吃出伟大的事业。从字面意思来看，股权激励好像是员工分走了老板的利润，其实不然。股权激励并不是一种福利，而是一种激励制度，用一个事先设定好的预期目标来激励员工创造更多的价值。用这些价值所创造的利润去激励创造价值的员工，对于老板而言，收获的不仅是比预期多得多的利润，更是一个个有归属感、有责任感的优秀员工。

这就像做蛋糕一样，公司原本每天能做10个蛋糕，老板有100%的所有权，也就是老板一个人就能分到10个蛋糕。然后老板制订了股权激励制度，达到考核条件的优秀员工能分到20%的蛋糕。于是公司员工每天非常卖力地工作，一天竟然做出了20个蛋糕，优秀员工拿到了20%，也就是4个蛋糕，老板每天还能分到16个蛋糕。

经过股权激励后，老板从原先分到的10个蛋糕变成现在的16个蛋糕，还多出了6个蛋糕，这就是股权激励的魅力。通过分配股权的方式，发挥了员工的最大潜能，把未来的收益作为分配条件，本质上是一种共赢的机制。

有一句话叫"火车跑得快，全凭车头带"。但今天完全凭车头带的火车到底跑得快不快呢？相比动车就不快了，因为动车每节车厢都有发动机。同样的道理，全凭老板带动发展的企业，跑不过老板和员工上下一心的企业。要知道，格局决定结局。

当企业发展到一定阶段时，光靠一个人的能力，或者一个家族的财力已经很难再有新的突破。此时，如果在企业内部建立科学合理的股权激励制度，让更多优秀的人才加入企业，对于企业来说无疑是装了台加速器，企业的业绩也会突飞猛进。

不仅是发展中的企业，对于创业初期的企业，股权激励也是有效的整合资源手段。技术人才、管理人才、销售人才，大家各持股份，有钱出钱，有力出力，齐心协力，把一个没有价值没有钱的"零存在"，演化为有实力、有盈利的企业。在这从0到1的过程中，股权激励功不可没。

股权激励不等于福利，福利是建立在企业已有收益基础上的奖励，这种奖励短暂而不持久，容易让员工麻木。而股权激励更多的意义在于"分出去，赚回来"，通过达到一个预期目标而激励员工为公司创造更大的价值，然后从中分出一部分利润给员工。因此，真正的股权激励是先有贡献，后有奖励。

成熟的股权激励方案，目标应该是团队和员工的成长，一个拥有独立人格和主人翁意识的团队才是企业不可或缺的。当股权激励做得好时，员工会为了企业未来的发展提出意见甚至与老板争辩，这时的员工才真正地把自己当作了企业的一分子。

由此可见，企业做股权激励并没有损害老板的利益，而是鼓励员工为未来创造价值。这就像"空手套白狼"，套到了白狼，人人有份。当然，这里所谓的"空手"并非真的空手，而是企业和员工的实力体现。如果企业员工没有本事，那么股权激励就无用武之地，更谈不上赚多赚少的问题了。

在听取我们的意见后，吴总在公司导入股权激励制度，将20%的股权用于激励核心管理层。2017年年底，公司完成了1 500万元的销售业绩，远超过1 000万元的指标。而吴总原来预计扣除经营成本后能拿到500万元，结果拿到了600万元，比导入股权激励制度前分到的还要多，这让吴总笑得合不拢嘴。

第4问 企业为什么要选股权激励制度，而不是股权奖励制度？

> 小赵是我的高中同学，有一次给我打电话，说自己拿出全部资产在老家开了一家咖啡厅。为了把咖啡厅业绩做上来，小赵把去年利润的大半拿出来，按职位奖励给了员工。不料今年同一条街上几家咖啡厅同时开业，小赵的咖啡厅生意冷清了许多。小赵以为员工拿到了那么多的提成，肯定会为咖啡厅尽心尽力，一起渡过难关，没想到员工工作一点都不积极，甚至几位核心员工还提出辞职。这让小赵很受伤。

小赵这是混淆了股权激励制度和股权奖励制度的概念。在为企业做培训时，我往往会把股权激励和股权奖励两个概念分开讲解。二者仅一字之差，但却差之毫厘，谬以千里。从时间维度上看，"激励"是激发和鼓励，指向未来；"奖励"是奖赏和表彰，立足过去。

股权激励，重在未来的绩效。换言之，股权激励附带了高条件，如果你实现了这些条件，那么就能获得股权奖励。就像真人秀的闯关节目一样，大奖就在台上，但是你得冲过重重难关才能拿到。股权激励营造的是团队成员共同打拼的氛围，强调的是希望和目标，尤其倾向于对企业核心人物的激励，致力于提升企业的未来业绩。

股权奖励则是偏重于对过往业绩的肯定。其道理就像孩子期中考试得了100分，你奖励他一个玩具一样。股权奖励重在结果，看重公平均等。无论员工职位高低，只要对企业有贡献，都会论功行赏，而不会考虑到这些员工未来对企业可能做出的贡献大小。

假设一家企业2015年成立，至2018年已成立三年。在这三年的时间里，企业内部的核心高管已有50位。企业在2018年梳理了这50位核心高管为企业发展所做出的贡献，并论功行赏，给予每个人不同额度的股权，此时可将这种举措称为股权奖励，它完全取决于个人在过去的表现。

老板愿意拿出股权分享，体现的是格局和胸怀。但格局和胸怀并不代表这就是一种正确的方法。"愿分"是胸怀，但"会分"才是智慧。目前有很多企业都引进了股权激励制度，但最终的效果却不都尽如人意。深入剖析就会发现，这些企业混淆了股权激励与股权奖励，错将股权奖励当作股权激励，就算老板拿出再多股权，也无法满足人性。因此最终的结果可想而知。

那么企业为什么一定要安排股权激励制度而不是股权奖励制度呢？

1. 股权奖励制度瑕瑜互见

股权奖励制度的确可以起到褒奖员工、增加企业黏合性的作用，但随之而来的问题是，股权奖励会使员工逐渐丧失感恩之心。因为股权奖励是对员工做出的贡献进行褒奖，会使员工在潜意识里产生"理所应当"之感——我为企业付出了，理应得到回报。一旦这种观念固化，股权奖励的作用也就荡然无存了。

除此之外，股权奖励的分配也十分棘手。平均分配显然不合常理，而依据职位高低与贡献大小进行分配看似科学，实则忽略了人性化，毕竟大部分人都认为自己的贡献最大。盲目的股权奖励容易引发员工内部矛盾，严重影响企业发展。

2. 股权激励制度一本万利

我们都希望企业能够固若金汤，事实上未来和危机不知哪个先来。当员工受到外界引诱时，股权激励就是让他们抵挡诱惑的利益筹码，帮助员工忠于企业。除此之外，股权激励还能调换员工的身份，让他们站在激励者的角度看企业。员工从一个打工者转变为组织的参与者和经营者，企业在他们心中则由"公有"变为"私有"。水涨才能船高，被激励者只有将自己的未来发展与企业的未来发展结合在一起，才能获得更多利益，主观能动性自然能得到极大提升。

股权激励虽然是利益的调剂，但并非一"利"可蔽之。我们要重视精神内核，将企业文化与企业精神贯彻到股权分配中，以企业与员工的共同发展为导向，形成企业内部的独特质感，使双方真正在思想上达到统一，这才是企业健康成长的本质。

小赵听完我讲的股权激励与股权奖励的区别后，彻底明白了自己的问题出在哪里。之后他将经营策略做了调整，果然很快充分调动起了员工的主动性。在激烈的竞争中，小赵的咖啡厅依旧经营得有声有色。

第5问　股权分配落地时，如何进行风险管控？

有一次我坐飞机出差，邻座上坐着一个男孩，衣品不俗，看起来就像个"富二代"。闲聊下来，果然如此。不过，这位"富二代"也是一个有志青年，向父母要了笔资金，准备做一番事业。

随着聊天的深入，我们很快谈到了创业压力。"富二代"一身轻松地说："挺顺利啊，合伙人找到了，股权分配也落实了，没什么可操心的了。"

我说："股权分配落地时，风险管控才是关键。"

"富二代"听我这么一说，很感兴趣，一路上我们相谈甚欢。下飞机后，"富二代"坚持要请我吃饭，表示对我的感谢。

创业初期，找合伙人、商定股权分配制度、建立公司规章制度等，自然都是重中之重。但当这一切落实后,心中的石头就可以落下了吗?事实上,如果把创业比作作战,那么前期的这些工作只是热身,真正的战斗从风险管控才开始。

1. 明确股权价值

企业创始人必须不断帮助股东明晰公司前景,让其明了股权价值。换句话说,就是要不断地给股东信心和希望。有人可能会问:"这不就是给他们'洗脑'吗?"的确如此。如果能被马云成功洗脑而成为千万富翁,那么,谁不愿意被"洗脑"呢?不过话说回来,每个股东都很聪明,如果没有一定的数据和事实,又哪能这么容易被"洗脑"呢?因此,作为企业创始人,要学会数据化运营。企业每年的发展利润指标、增长指标及公司上市后每人的身价等,这些数据具有很好的说服力。

2. 创造坦诚沟通的氛围和渠道

一个没有沟通的团队,不仅缺乏创造力,更容易导致误会和矛盾。尤其作为领导人,应该深入员工内部,了解员工的真正需求。如果双眼被蒙蔽,耳朵被塞上,对公司的真实情况不了解,那么所做的决策往往会远离现实。

3. 企业创始人要有魄力

这种魄力很多时候来自公司创始人的大刀阔斧、敢做敢当。例如,对于公司核心高管等不可替代的人,公司创始人要出手大方,有所舍才有所得。与其一点点地割肉似的给予,不如痛快地给一个超出他期望的股权。这样,对方极有可能一直死心塌地地跟着你干。同样,对于在关键时刻要挟公司的员工,老板也要有壮士断腕的果决之心。这种魄力在管理上不可小觑,它能让你吸引到一批志同道合的优秀人士。就像刘备,因为德才兼备,所以有了关羽、张飞、赵云、马超、黄忠的誓死跟从,以及诸葛孔明的鞠躬尽瘁。

4. 高激励必须配套高约束

在做法上,我们要细化约束机制,规范退出机制。坚决杜绝哥们儿义气和"拉山头"现象。我有幸拜访过海南航空的陈锋董事长,在谈到海南航空几十万员工如何管理时，他说："首先是制度，海航有一套非常严格、规范、科学的管理机制，所有人必须按制度执行。"由此可见，无论是股权激励还是企业管理，归根结底都要落实到制度上。

5. 多层次、多维度设计

企业必须结合资本市场的规律和要求，包括战略规划、上下游激励、股权布局、章程优化等多层次、多维度的设计，都要与时俱进。

6. 紧抓企业文化

最后一点，企业要加强文化建设，构建企业精神。企业文化就是企业的灵魂，如果企业没有灵魂，就很难长久发展。拿破仑一生带着千军万马叱咤沙场，年老时却形单影只，身边没有一兵一卒。而他一贯瞧不起的耶稣，却驻扎在很多国家、很多人的心里。拿破仑开始反思，终于得出一个结论："文化的力量最强大。"这正如鲁迅先生的弃医从文，文化的强大在于潜移默化地深入人心。

总之，企业创始人要想做好风险管控，就要一手佛经，一手宝剑。换句话说，就是"心中有爱，出手无情"。爱在言语和漂亮的数据，无情在制度和严格地执行，唯有如此，才能成就一番事业。

第6问 员工入股应明确哪些核心要点？

年前我参加大学同学会，见到一些久未谋面的同学，相谈甚欢。得知我从事企业咨询管理后，有位正在创业的同学甚是激动，仿佛看到救星一样。原来，他对股权激励略知一二，正准备在公司实施股权激励制度，挑选优秀的员工入股。但是具体要落实到哪些点，他有些摸不着头脑。于是，我给他详细地讲解了一番。他回去后很快就拟定了一套相当完善的员工入股制度，并一再感谢我的指点。我也很高兴自己的专业知识能帮到其他人。

近年来，谈论股权激励的人越来越多，但是真正要落实时，又总觉得这里不明白，那里含混不清。如果公司有些实力，想要制订一套科学完善的股权激励制度，那么最好向专业人士寻求帮助。当然也可以自己摸索，多看书、多学习总是没错的。

接下来，我详细说说员工入股要明确的核心要点，希望能帮助对这个问题感到困惑的创业者。

1. 公司要有入股机制和要求

对员工的绩效、出勤、团队贡献，以及未来可能创造的价值进行综合评定，并且列出明确而清晰的考核标准，对于达到考核标准的员工才能给予股权分配。

2. 签订正式入股合同

公司在进行股权激励时要和员工签订一份合法的正式合同。首先，合同不能随意撰写，要有正规格式，具有法律效应，杜绝口头承诺。其次，签订合同时每个条款的内容都要清晰明了，尤其是员工的权利和义务一列应详细合理、有据可查。

3. 进行公示

员工要入股公司，公司应当进行公示，并且注明双方是在平等自愿的前提下达成共识的，员工有意愿为了和公司共同成长而入股，这样也会激励其他有意愿入股公司的员工。

4. 及时告知公司相关情况

公司要将盈利情况和分红条件及时告知入股员工，让员工入股之前详细了解这些细则。例如，公司分红要满足三个条件：一是公司本身业绩完成情况良好且盈利；二是员工达到了公司的绩效考核标准；三是到了公司规定的分红时间。具体的分红标准每个公司各不相同，都是根据公司自身的条件而定的。

5. 健全股权调整机制和退出机制

公司应健全股权激励制度，包括股权调整机制和股权退出机制。让员工明确了解，如果没有达到要求，公司有权对其股权做出调整甚至收回。在股权退出机制上，要明确股权的回购及回购价格问题，以免最后产生纠纷。

6. 明确争议的解决方式

公司的股权激励合同中应有关于双方出现争议的解决方式，明确出现争议后该去哪个管辖范围的法院，该如何维护自身权益等细节。

总之，员工入股是股权激励迈出的第一步，应慎重对待。这就像创始人寻找志同道合的合伙人一样，找对了人，做起事来自然事半功倍。如果没有共同的价值观，就会出现很多摩擦，甚至让企业"惹上一身祸"。但是无论怎样，完善的入股制度和协议是首要前提，只有遵循这个前提，才能最大限度地保证股权激励发挥该有的功效。

第7问 老板想分股给员工，员工不愿意买怎么办？

> 程总是我的一位学员，当初来咨询我时提的第一个问题就是："我想分股给员工，但是他们不愿意买怎么办？"程总是一家婴幼儿游泳机构的老总，公司成立了十几年，在成立之初，公司竞争对手少，利润可观。但是最近几年，市面上针对婴幼儿游泳的品牌越来越多。程总希望公司能继续保持行业领先优势，于是提出给公司几位核心员工分股，一来想提高他们的积极性；二来也希望这些核心员工能与企业群策群力，共同发展。结果他们却不愿意买，这让程总有点不解了。

在听完程总的详细叙述后，我帮程总分析了原因。

如果一个企业发展前景良好，企业股权很值钱，那么老板想分股给员工时，员工只会争先恐后地抢着买，除非确实没钱，否则很少会出现不愿意买的情况。

因此，这种情况往往出现在企业创业初期，或者企业的发展瓶颈期，也就是企业前景不太明朗的时候。此时的员工也都心思迥异，就像墙头草，今天还在公司上班，明天也许就会拔脚走人。而程总的公司正是处于企业发展瓶颈期，这时应该怎么办呢？

1.股权方案要简单易懂

很多时候企业所制订的股权方案都非常官方化、条款化，这样的条款让不懂股权的员工看得云里雾里，不仅打消了员工入股的积极性，还会让他们觉得这是老板的一个陷阱。方案都看不懂，谈何入股？因此，一份简单易懂且完整详尽的方案，有助于员工在一个完全信任的状态下思考是否入股。

当然，这里并不是说方案制订得越简单越好，如果为了吸引员工入股，将购买股权的相关事宜过于简单化，就会让员工产生不踏实的感觉。

2.让扑朔迷离的未来变得清晰可见

从事实体店经营的老板，他们的企业经营状况良好，计划制订得也周密，但是当他们制订了相应的分股计划后，有兴趣的员工却寥寥无几，就像程总公司的员工一样。对于这种发展稳定的公司，员工依然不愿意买股份的原因是什么呢？

很简单，员工觉得现在实体店没有发展前景了。由于互联网经济的发展，线上经济的比率越来越大，在员工看来，实体经营已经没有什么市场了，员工自然不愿意购买企业股份。

对于这样的员工，老板应为企业未来的发展制订明确的战略发展图，并透明化运作，让员工更好地了解公司的目标和决心。另外，公司可以加强线上营销，如果有必要，可以专门设立一个网上销售部门。这样才能增强员工对公司的信心，吸引他们购买公司股份并为公司继续工作。

3.用诚意打动员工

对于员工而言，持有企业股份意味着自己将成为企业的一分子，从员工个体变成企业的"利益共同体"。在这样的情况下,老板的诚意就显得十分重要。很多老板不愿向员工透露公司的运营状况、资金状况等,这样的股权对员工而言是毫无诚意的,更是充满风险的。一个不清楚公司状态的股东,相信谁都不愿意去做。

其实公司的运营状况员工多少都有些了解,这个时候与其选择隐瞒公司的实际情况,不如开诚布公地让员工看到老板的诚意。信任和诚意是相互的,相信在老板表现出十足的诚意后,员工也会更愿意购买公司的股份。

4. 提高企业的社会价值

如果在员工的心里,企业没有很高的价值,那么员工将不会购买企业的股份。怎样才能提高企业在员工心中的价值呢?最好的办法就是倾听员工的心声,鼓励员工提出发展建议,并且对于好的建议即刻付诸行动,让员工有参与感和价值感。当企业尊重员工、给员工以归属感时,员工自然也愿意跟企业同坐一条船。

> 程总听取了我们的意见,在我们的帮助下,他开始加强企业文化管理和经营改革,并对股权激励方案重新做了一些调整。三个月后,当程总再次提出导入股权激励制度时,公司员工都举手赞成。

经营企业如同征战沙场,老板就像沙场上的将军,如果一个将军没有士兵愿意誓死跟从,那就是将军的无能。老板的能力决定了企业的发展高度。说到底,想让员工购买公司股份,与企业同甘共苦,老板首先要做到有眼光、有气度和有执行力。这样员工才能看到前景,愿意与企业同甘共苦。

第8问　对于跟不上发展步伐的元老级员工，企业能给股权吗？

有次跟朋友老许吃饭，发现他情绪有些低落。我一问才知道老许的公司最近有点不太平。老许十年前成立了一家服装进出口贸易公司，小徐是他的老乡，也是得力助手，跟着老许一起打拼，为公司立下了汗马功劳。公司成立以来，一直发展得比较稳定，但是最近两年却矛盾重重。

矛盾一：小徐担任运营副总，但是因为文化程度不高，管理水平有限，随着公司发展扩大，员工逐渐增多，小徐愈发力不从心。公司员工就像一盘散沙，部门业绩也一直不佳。

矛盾二：在公司决策上，小徐眼界有限，看不到时代变化，喜欢用老一套思维看问题。老许与小徐的意见往往不能达成一致，导致公司决策缓慢，影响正常运作。老许尝试让小徐外出培训学习，被小徐拒绝了，老许多次与小徐协商，但效果均不佳。这可真把老许愁坏了。

像小徐这样的员工，属于企业的创业元老级别，为企业做出过巨大贡献，但是受自身文化或其他原因所限，跟不上公司发展的步伐，不仅如此，在某种程度上还阻碍了公司的发展。现实中，在很多公司都能见到类似小徐这样的人。那么，对于这类人公司该怎么办呢？能给他股权吗？针对这样的创业元老，我推荐一套"金色降落伞"激励方案，适用于以下三大人群。

①董事、监事和公司的高级管理人员。

②签署技术保密协议的公司成果的主要执行者。

③董事会认定的对企业有特殊贡献者。

当这些人离开公司后，公司可以让他们继续享有半薪或分红资格，并且说明激励原因和激励期限。

案例中的小徐属于第一类人，鉴于老许公司的实际经营状况，我给老许的"金色降落伞"激励方案如下。

1. 职位变化

建议小徐退出运营副总的管理岗位，转为公司顾问。

2. 薪酬补偿

一次性补偿小徐一年的薪水，如果小徐的月薪是1万元，那么共计补偿10 000×12=120 000元。

3. 分红权益

公司现在的总股数是1 000股，赠予小徐2‰的股权，即2股的公司分红权益。

4. 约束条件

小徐与公司签署竞业禁止协议，协议期限为两年，两年内公司每月支付其现在薪水的一半，即每月5 000元。但小徐若违反竞业禁止协议中的任何条款或有任何损害公司利益及形象的行为，公司除按竞业禁止协议中的约定追究其相关责任外，还会收回其拥有的在职分红股权益。

老许拿着方案与小徐商谈，小徐满意地接受了条件。之后，老许也招到了合适的人选，公司发展回归正轨。

即使再好的企业也有员工因为各种原因想要离开，针对这些曾为公司做出贡献的员工，企业应妥善对待。对于符合"金色降落伞"激励对象要求，并且达到了一定工龄的创业元老，可以适当给他们一些股权分红权益，但是要有时间期限，如3~5年，并且说明分红原因。

"金色降落伞"激励机制实际上是一种成人达己的做法，不但让离职员工心怀感恩，对在职员工也具有非凡的意义，让他们觉得企业充满人性和关怀。

当然，企业家要做到这些也不是容易的事，必须要有"用霹雳手段，显菩萨心肠"的魄力。

第9问　公司直接发放股权有何利弊？

> 我在创办华一世纪之前，曾供职于聚成集团。因做出不错的成绩，集团发给我一些公司股份。此后我离开了聚成集团，聚成后来的发展速度很快，股份一路升值。从这个角度看，我无疑失去了一个身家上亿的机会。如果当初聚成集团的股份要我自己出资购买，我也许就不会离开集团。

当然，华一世纪现在也蒸蒸日上。我说这个经历主要是想告诉大家，免费的东西人们总是不会珍惜，这大概是人性使然。从这点也可以看出，公司直接发放股权并非就是好事。既然最好不要直接发放，那么应该如何选择？

1. 购买

企业的注册股是股权激励的终极武器，对于员工来说，要获得注册股，最好的方式就是出资购买。如果一个员工不愿意出钱购买股份，那就也别奢望他能为企业全力以赴，除非他用其他方式来购买。

2. 交换

第二种获得注册股的方式：交换。拿什么交换？员工的专利、品牌、能力、资源等一切对企业有价值的东西，都可以作为交换的资本。交换的本质其实还是购买，只不过不是用金钱购买，而是用自身的价值来购买。这种交换的模式最适用于行业精英人才，因为这类人才往往掌握着核心竞争力，他们或者拥有对行业的深刻认识，或者拥有行业的领先技术，又或者拥有行业众多的人脉资源。总之，这样的人才具有普通员工不可替代的价值。公司可以将他们的价值评估成资金，允许他们以此来购买企业注册股。当然，对于这类人才有必要进行一些约束，比如，什么时间达到什么绩效，才能获得多少股份等，这些都需要在创业之初白纸黑字地写下来。

3. 借

企业注册股的股权激励方式除了出售、交换外，还有第三种方法：借。这是一种排在买、换之后的方式，适合那些既没办法购买，也没有足够的资本可以交换的人才。对于借股权，公司创始人尤其要慎重对待，并且要设定一定的条件，比如，要求员工在企业工作满5年或10年，并且达到一定的考核标准等。当员工从内心认可企业，看好企业发展前景，愿意为企业未来奋斗时，自然也会愿意接受这样的激励和约束。

总之，愿意交钱，才愿意交心。只有"真金白银"的交易，才能真正做到利益捆绑共进退。当员工要离开公司便感觉到"心痛"时，说明股份在员工心里已有一席之地，员工也不会轻易离开公司了。这对企业来说，也是留住人才的一种方式。

在这个世界上，只有永远的利益，没有绝对的忠诚。情深的兄弟、情长的朋友，在利益面前也常常会反目成仇、争权夺利，何况是员工与企业之间。由此可见，制度只是表象，人性才是根本。

第10问　公司年年盈利，小股东却分不到钱，怎么办？

> 杨总是我的一位学员，他是一家公司的小股东，这家公司好几年没有给他分红，他现在手头不是很宽裕，希望公司能分红，但是公司总是找各种借口拖着不分。他因此十分苦恼，并向我请教是否应该起诉。

现实生活中，可能有很多人也曾遇到钱投出去了，公司明明盈利，但就是不给分红的情况。下面我就这个问题做一个详细的解答。

股东要求公司分红,这个要求并不是随便一提就能得到满足的。也就是说,股东分红需要满足以下两个条件。

1. 公司有利润

公司盈利才能实现分红,这是基本条件。如果公司年年亏本,那也就谈不上分红了。

2. 遵循事先约定

有些公司为了发展需要,几个股东事先约定3年内不做现金分红,或者以股票增发的形式代替现金分红。

案例中的杨总首先需要搞清楚公司的经营状况和盈亏报表。公司有义务向股东提供每年的财务报表,并且告知对方收入及利润情况。如果公司不告知其实际收入与利润,杨总有权起诉企业。

如果杨总发现公司一直在盈利却不分红,而股东们事先也没有约定不做现金分红,在这种情况下,杨总可以向公司提出分红的要求,并把分红方案交给股东大会,或者召开股东大会表决分红预案。

股东分红权是股东作为投资人不可被剥夺的权利。案例中杨总公司的股东会如果拒绝回应或拒不分红,那么根据《中华人民共和国公司法》(以下简称《公司法》)司法解释第四条规定:公司股东滥用权力,导致公司不分配利润从而给其他股东造成损失的,司法可以适当干预,以实现对公司自治失灵的矫正。杨总可以直接诉至法院。

很多公司的大股东在公司盈利的情况下不给小股东分红,这就显出大股东的人品问题了。这些大股东滥用私权,压榨、排挤小股东,比如,操纵公司购买与经营无关的消费品,或者将公款用于自身消费、转移公司利润等。对于人品有问题的股东,要抱着一颗"防人之心"对待。

小股东在起诉前,要收集有关自己可以分红的有利证据,最好请专业律师提供相应的指导，设计好应对方案，以免仓促上诉，使自己陷入被动局面。杨总最后起诉了公司，终于拿到了自己的分红。事情发展到对簿公堂的地步未必就是坏事，这样的经历会让杨总在以后的合伙生涯中更懂得保护自己。

见钱眼开也好，背信弃义也罢，总有些人在经商的道路上被利益蒙蔽了双眼，逐渐忘了初心。作为投资者，害人之心不可有，防人之心不可无。在与人合伙创业时，最好在公司章程中制订明确的利润分配方案与细则，这对小股东来说也是一道护身符。

第11问 企业流动资金短缺，还要继续给员工分红吗？

赵总是一家食品生产企业的老总，希望企业业绩能更上一层楼，于是他打算导入在职分红股权激励制度和超额利润股权激励制度。但是赵总还有自己的打算，他希望第二年达到业绩目标后，能拨出一部分资金来添置一处库房，用来存放原材料。但是将如果这部分资金拿出来添置库房，那么势必会影响股权激励的分红，这让赵总有些左右为难。

当企业需要投入大笔资金购地或投入再生产时，就可能导致企业流动资金不足，不够给员工做股权激励的分红。此时该怎么办？是说服员工为企业牺牲一下利益，暂时延迟分红呢，还是选择暂停投入，继续给员工分红呢？

作为企业领导者，基于企业全盘谋划和发展战略考虑，该购地时就要购地，该投入再生产时也要及时投入资金。而员工的股权激励能促进员工主观能动性，对企业来说同样重要，有没有两全其美的办法呢？有，那就是用分红递延支付法。

分红递延支付就是公司将股权激励分红遵循"532"原则或"631"原则，

先支付给员工一部分，第二年、第三年再陆续支付完毕。在这期间，被激励员工不能离职，而公司也不能无故克扣员工分红金额。

什么是"532"原则呢？以文中的案例来说明。

赵总食品公司的一位核心高管在2014年能分到100万元奖金，公司可以约定不一次性支付，而是在2014年先分给他50万元，剩下的50万元则分为30万元和20万元，分别在第二年和第三年支付，前提是该高管没有离开公司。如果2015年根据考核又能分红100万元，那么也按照50万元、30万元和20万元的原则在2015年、2016年和2017年分别支付。中间无论什么时候、什么原因，只要这位高管离开企业，剩余的分红都视为自动放弃。

为了看起来更清晰，我做了表1-1所示的表格。

表1-1 股权激励分红的"532"原则

"532"原则	2014年	2015年	2016年
总奖金（万元）	100	100	100
实际到手奖金（万元）	50	30+50=80	20+30+50=100

赵总食品公司总共有10位这样的高管，原来用作股权激励分红的1 000万元，在采用分红递延支付法后，第一年只需支出500万元，这样公司现金流多出的500万元，就可以用于添置库房了。

当然，"532"这个比例并非一成不变，企业也可以根据自身的实际情况做一些调整。例如，调整成"631"原则，即分红的100万元分成60万元、30万元和10万元，分别在第一年、第二年和第三年支付完毕。

这种递延支付既可以帮企业解决暂时的现金流问题，也能约束管理者行为，是最佳的分红支付方式。通常用于较大金额的在职股分红和超额利润激励的分红。如果只是几万元的小额分红，那么就不适合使用递延支付法。另外，工资发放和股东分红也不适合采用这种递延支付法。

第12问 股权给出去了，却没达到激励目的怎么办？

> 小潘和朋友合伙创办了一家英语培训机构，两年来，因为培训课的英语老师专业素质过硬，机构一直很受家长们的信赖。小潘决定开一家分店，为了留住并激励核心培训师，小潘做了一个股权激励方案。但是效果并不显著，没有达到预期的激励目的。无奈之下，小潘向我咨询，希望我能给他点意见。

股权给出去了，却没有达到激励目的。之所以出现这样的问题，其中一个原因是企业识人有误。"人才"没有真才实学，只会表面功夫。对于这样的"人才"，给再多的股权也没用，因此该出手时就出手，要么换人，要么收回股权。另一个原因则是企业的股权激励机制没有因地制宜，不够科学完善。以情动人，不如以制度服人。以情动人，总是剪不断理还乱；把制度做得完美，才能真正打动人心。那么如何把制度做得既滴水不漏又能打动人心，达到激励的目的呢？可以从以下几点着手。

1. 制订科学的股权退出机制

公司实施股权激励要有科学的退出机制，不然不仅达不到激励目的，反而会给公司以后的发展造成障碍。

公司创业初期可能会给一部分元老管理层员工股份，或者给外部投资者股份，但随着公司不断发展壮大，这些人不能为公司提供新的资源和能量，但还是可以享受公司发展带来的红利，这样就会让后加入公司的人才心生不满。他们会想，为什么公司更需要我，但我没有股权，反而一个公司不太需要的人却有股权呢？难道就是因为他来得比我早吗？这样的负面情绪会蔓延，甚至导致人才流失。

公司实行股权激励是为了吸引人才，但如果没有科学的退出机制，就会起到相反的效果。因此在进行股权激励时要制订科学的退出机制，权衡利弊，在合法的前提下规定特殊事宜，为公司规避风险。

2. 增强员工的团队参与感

很多创业公司在实行股权激励的同时并没有把公司创业初期的梦想和员工分享，让员工普遍认为公司投资风险大、回报时间长等，这些原因会导致员工不愿意投入资金获得实股。这就是公司没有把创业梦想和员工分享的结果。公司要把企业文化传达给每一位员工，让员工有和公司共兴衰、共同编织梦想的想法，这样才能更好地发挥股权激励的作用。

此外，公司实行股权激励，让员工感觉是被动选择，没有自主选择的权利，因此企业在进行股权激励时要制订灵活的机制，根据员工量身定制，让员工有自主选择权。

3. 增强员工的公平感

股权激励要让员工心里感觉到公平。大家知道，股权激励实施后并不是每个员工都有股权，这就避免不了员工胡思乱想：为什么别人有股权而我没有？为什么别人股权多而我这么少？是不是我的工作不重要或我工作不够认真？这种情况会降低员工对工作的积极性，使员工陷入不必要的猜想中。

所以，实施股权激励的同时要明确公布股权分配的标准，如入职满一年或对公司有重大贡献者有多少股权。这样可以让没有股权的员工心里有个预期，激励他们朝这个方向努力，争取达到可以获得股权的标准，从而实现股权激励的目的。

小潘听了我的意见后才明白，原来制订企业的股权激励方案需要过硬的专业知识，做不好很容易东施效颦，起到相反的作用。小潘决定请我出山，帮他制订一套适合他们企业发展的股权激励方案。

第13问　股权分散的公司如何摆脱治理困局？

2015年7月14日，宝能系仅持5%的万科股份；7月24日，宝能系增持到15.04%，成为万科第一大股东。这时华润开始增持，持股达到15.29%，从宝能系手里夺得第一的宝座。宝能系不甘被比下去，继续增持万科股份。这样万科股权之争就在宝能系与华润之间展开了，但事情并没有这么简单。随后，在万科A、H股紧急停牌之际，恒大在2016年8月4日又加入混战，恒大开始增持万科股并达到6.82%，这场股权之争愈演愈烈。

在万科的股权结构中有一个特点，管理者王石作为公司创始人仅占万科0.052%的股份，公司大股东大多来自外部机构。王石在万科的发展历程中起着至关重要的作用，但是由于他没有大股东的控制权，因此一度导致公司失控。

现实中很多企业都会遇到类似万科的情况，那么，应该怎样摆脱由于股权分散而带来的治理困局呢？

先来认识一下股权分散的定义。所谓股权分散，就是持股人数多，且每人所持股份少。股权分散也并非只有弊端，它可以杜绝"一股独大"的大股东执行霸权主义，也可以在管理不当的情况下，联合众多股东要求更换管理层。

但是股权分散带来的弊端也屡见不鲜：公司的决策缓慢，缺少实际控制人，员工工作效率低等。针对这些问题，在实际管理中应该做到以下几点。

1. 加强对管理层的内部监督

企业应通过股东大会建立完善、科学的内部监督体系。股东有机会对企业管理者进行监督，以保障企业的健康运营。尤其是随着企业管理越来越规范化、完善化，股东更应公平、民主地评价公司领导的绩效，并对管理者有效履行职责产生重大影响。

2. 通过股权变动激励的方式激励经营管理层

股权激励可以将管理层的利益与公司利益直接联系在一起。管理层会更加注重公司发展前景和未来价值,从而减少追求短期盈利的行为。当企业建立股权变动激励制度后,管理层能感受到不进则退的危机和发展空间。这样的激励方式会大大提高管理层的主动性,促使管理层摒弃惰性,维持创业激情。

3. 特殊情况下,可以采用双重股权制

双重股权制即同股不同权。简单地说,就是一个股东可以有多个投票权。大多数新兴的互联网行业,在股权结构方面更看重双重股权结构。例如,百度和京东的创始人在创业初期,因为缺乏资金而不得不引入一轮又一轮的投资,这就使得企业控制权在创始团队手上,而所有权大多在投资者那里。为避免恶意收购,创始人采取了双重股权结构。

> 瑞士信贷于 2018 年 1 月 29 日发布的投资者报告称,百度 CEO 李彦宏目前持有 559 万股公司股票,相当于总股本的 16.2%,实际具有 55.2% 的投票权。另外,李彦宏的妻子马东敏持股 4.3%,拥有 15.2% 的投票权。

京东集团 2018 年递交给美国 SEC 的文件显示,京东 CEO 刘强东为京东的第二大股东,持股比例为 15.8%,拥有 80% 的投票权。其中,15.7% 的股份通过 Max Smart Limited 持有,占 71.7% 的投票权。以此来看,京东是刘强东的京东,这一点板上钉钉。

股权分散的公司也可以借鉴百度、京东这样的股权结构,既维护了公司有效的经营管理模式,又能保护股东利益。

总之,股权分散的企业就像一盘散沙,在做决策时很容易众说纷纭,难以统一意见。因此,在公司管理制度上更应该有清晰而明确的激励和制约政策,用以辅助管理层,从而扬长避短、抱团取胜。

第 2 章

创业股权：从 0 到 1，初创企业绕不过的股权难题

创业难，难在人才难觅，市场变幻；股权难，难在制度架构、收放之间。从 0 到 1，从无到有，每一个新生命的诞生，都曾经历巨大的阵痛，每一个新团队的组建，也需经受股权的锤炼。

第14问 创业初期资金从哪里来?

> 老同学小周给我来电,说准备成立一家游戏公司,开发一款手游产品,产品名称和游戏方案都想好了。小周学编程出身,在游戏开发方面造诣颇深,几年前就有朋友建议他自己出来单做。小周一直犹豫不决,这次终于下定决心创业。但是一款游戏的研发和市场投入至少要50万元,这笔启动资金怎么筹呢?小周想听听我有什么好办法。

俗话说,钱不是万能的,但没有钱是万万不能的。对于创业者来说,更是深有体会。创业赚钱就像滚雪球,只有有了第一桶金,雪球才有可能越滚越大。但是,这第一桶金又到哪里去筹呢?在这里我做一些经验之谈,希望能对正在为钱发愁的创业者有所帮助。

首先,在筹钱之前要搞清楚自己需要多少创业资金。不同行业的创业需要的资金不同,通常情况下,我建议至少准备半年到一年的资金。这些资金包括场地租赁费、办公设备费,以及自身的日常开支等。一般来说,创业历时半年就能判断成功与否,而且在真正创业后,公司会有各种层出不穷的开支,往往会超出预算。如果能准备一年的资金,那么就能做到有备无患。

创业初期的资金,首先可以考虑用自己的积蓄或父母的资助。原因在于,启动资金直接关乎创业者在公司的话语权。当一个人向外人请求资金时,就不得不听命于他们,这在某种程度上就羁绊了创业的目标。另外,我们都知道,天下没有比花别人的钱更容易上瘾的事了,一旦花光了又该怎么办?中国有句话叫,置之死地而后生,当一个人把全部身家都压上去时,做起事来往往会拼尽全力。因此,自筹资金会让创业者更加全身心地投入事业。

如果你和朋友都没有资金启动创业第一步,那么天使投资就是首选。当然,天使投资并非那么容易拿到的,首先要有一个好项目和一个创业团队。有了这些基本筹码,才能去找天使投资人谈合作。那么,怎样寻找天使投资人呢?可以尝试以下几种渠道。

1. 通过融资成功的朋友寻找投资人

已融资成功的朋友必定有自身的优势和渠道。创业者可以与这类朋友多交流,学习他们的融资经验,如果有可能,也可通过他们认识融资方,增加接触投资方的机会。

2. 通过媒体寻找投资人

很多天使投资机构也希望能在众多的创业项目中找到潜力股。因此,他们会通过打广告、建网站、参加综艺节目等多种途径提升曝光率和知名度。只要认真搜集,就能找到他们的官网、邮箱、公众号、自媒体号等,可以尝试与他们联系并递交 BP。目前,国内比较知名的投资机构有真格基金、创新工场、险峰华兴、联想之星、隆领投资、洪泰基金、英诺天使、阿米巴资本、九合创投、梅花天使等。

3. 通过参加创业、投资类聚会寻找投资人

很多投资人都会不定期地参加一些创投大赛、专访节目、大学授课等。创业者不妨多参加些类似的创业聚会,有机会就毛遂自荐。很多投资人更喜欢寻找知根知底的朋友或朋友的朋友做投资,因此创业者可以多认识一些各行各业的成功人士,为自己拓展人脉。

4. 通过靠谱中介寻找投资人

投资中介往往是在投资行业浸淫多年的资深人士。他们对投资内幕比较了解,为了更好地吸引投资者,他们会对项目提供优化建议。当然,目前国内投资中介鱼龙混杂,还需要甄别,找到靠谱的中介才能事半功倍。

小周的公司启动资金较大,从家人和朋友那儿筹钱有些困难,我建议他向天使投资人毛遂自荐。我帮他介绍了几位天使投资人,经过努力,小周终于获得了某位天使投资人的青睐，得到300万元的融资。

巧妇难为无米之炊。如果没有启动资金，再好的项目、再好的人才也无用武之地。对于创业者来说，只有有了资金，才有大显身手的机会。不过话说回来，能筹到钱、拉到投资，这本身也是对创业者能力的考验。如果创业者这一关都无法通过，那么创业也就无从谈起了。

第15问　有潜力的创业项目如何让天使投资占股少？

> 老同学小周的游戏项目在前期融资时，并没有那么一帆风顺。事实上，我给他介绍的两位天使投资人都很看好小周的项目，但是在谈到股权比例时，就有了意见分歧。两位天使投资人都想出资300万元，占股15%。小周觉得自己的项目很有潜力，投资人出资300万元，占股15%有些高，于是向我求助，希望我能给他一些建议。

每个创业者都想用更少的股份融到更多的钱，尤其是一个有潜力的创业项目，如何让天使投资占股少？每个创业者应该都会想到这个问题。

在我看来，第一轮融资即天使轮融资的股权不宜给得太多，但具体给多少也要因天使投资人的投资金额而定。一般来说，第一轮融资金额为200万~2 000万元，尽管股权比例与投资金额有关，但我建议对于初创公司来说，投资人的股权比例要控制在10%左右。否则，在公司设置期权池或有后续股东加盟时，创始人手里的股权会稀释得很快，容易失去绝对控制权。

那么，一个有潜力的创业项目，创业者要怎样做才能让天使投资占股少呢？

1. 和投资人谈判

天使轮投资人占多少股份首先需要坐下来谈一谈。一般情况下，如果投资者遇到了十分有潜力的创业项目，他是十分渴望投资的。这时可以利用投资者的心理来进行谈判，把交易成本降到最低。

> 京东创始人刘强东早年创业时也遇到过天使轮融资的问题，当时的天使投资人徐新是刘强东创办京东的第一个投资人。徐新很看好这个项目，当刘强东提出需要融资200万美元时，徐新回答道："200万美元哪够啊，我给你1 000万美元。"
>
> 刘强东知道，天上不会掉馅饼，天使投资也不是慈善机构，徐新想的是多占股份。接下来刘强东几乎每天都找徐新谈判，在向徐新描述公司发展前景的同时，也说明了公司在以后还要面临好几轮融资，以及设股权池、股权激励等问题，最终让徐新同意以占公司30%的股权签订投资协议。
>
> 在刘强东与徐新的谈判中，刘强东把公司的发展潜力及当前所遇到的困难给徐新一一说明后，也换来了徐新的理解，最后刘强东以最少的股份换取了京东急需的天使融资。

2. 减少融资金额

天使轮融资金额越少，给天使轮投资者的股份就越少。公司在融资之前要计划大概一年需要花多少钱，花多少钱就融多少钱，再把融资的金额进行量化计算，得出公司应让出多少股份。公司资金越多，给投资人的股权就越少，而且资金充裕也可以有更多的时间甄选投资人，并拥有对企业日后发展的话语权。

3. 签订退出协议

创始人可以和天使投资人协商签订退出协议，在天使投资人收到预期回报后要退还之前的股权。例如，天使投资人投资200万元占10%的股份，在收到5~10倍的回报后，就需要把之前的股份退出，好留给后来加入的人。

在我和小周的共同努力下，有一位天使投资人终于答应投入300万元，占股10%。尽人之力，同进共退。无论最后占股多少，作为创业者我们都应对天使投资人心存感恩，并用把企业做大的方式来证明自己，也证明投资人的眼光。

第16问 天使投资人通过哪些方面来判断一个早期创业者的好坏？

在回答这个问题前，我先说两个投资行业的故事。

聚美优品 CEO 陈欧在 2009 年开始创业时，第一个项目是广告植入，天使投资人真格基金的徐小平投了 18 万美元。项目失败后，陈欧转型做化妆品闪购，也就是聚美优品。他主动把之前天使投资的 18 万美元转为新公司股权，徐小平当时说了一句，"知情知意，必成大事"。果然，聚美优品越做越大，2014 年 5 月 16 日在纽约证券交易所成功上市，而徐小平投的 18 万美元也变成了 2 亿多美元，翻了 1 000 多倍。

世纪佳缘创始人龚海燕在和天使投资人王强谈融资时，并没有很好的商业模式，也没有胸有成竹的领袖气势，但是龚海燕肯吃苦又坚韧，并且始终坚持一个原则：做人要言而有信。龚海燕说："无论拿到多少投资，我之前向一位叫'渔夫'的网民借的 8 万元必须要折算成股份。"龚海燕的坚持打动了王强，尽管当时国内有几家婚恋网站早已拿到一两千万美元的融资，但王强还是决定给世纪佳缘投资。

2011 年 5 月世纪佳缘上市敲钟时，龚海燕兑现承诺，在网上找到了"渔夫"，并邀请"渔夫"作为敲钟的嘉宾。而"渔夫"那早已忘记的 8 万元，按世纪佳缘 IPO 时的股价，已变成了 8 000 万元。

看了这两个故事，大家是否觉得两位创始人有些"愚蠢"，然而正是这种

"愚蠢"才让他们获得了投资人的青睐，走上事业高峰。可以说这种"愚蠢"是个人信用体系的表现，是一种巨大的智慧。

雷军关于投资说过这样的话："我不在乎你在做的项目是什么，我认为在今天中国的创业市场上，缺的是执行力，而不是主意。"也就是说，投资人看重的是创业者本身，而非项目。事实上不仅雷军，很多天使投资人在投资项目前都会对创业者做充分的考量。那么，创业者哪些方面会打动天使投资人呢？

1. 创业者的品质

创业者的品质是投资人考察的第一个重要标准。这些品质包括诚信、肯吃苦、坚韧、包容等。创业者能在某个品质上做到极致，也会让投资人刮目相看。就像前面两个故事中的聚美优品和世纪佳缘，之所以能拿到投资，主要还是陈欧和龚海燕的诚信打动了投资人。

2. 创业者的经历与背景

从创业者的经历与背景中可以看出创业者大致的能力和人脉。例如，从阿里、微软、腾讯等大公司出来的人总是更容易受到天使投资人的青睐，因为他们往往是从激烈竞争中脱颖而出、能力出众的行业精英人物，这样的人在创业后也更容易获得优质资源。

3. 创业者有没有自己的团队

将军再有本事，单枪匹马上战场也难敌千军万马。对于创业者来说，如果有一个团队能并肩作战，无疑会大大增强战斗力，也更容易获得天使投资人的青睐。

2018年3月，一个刚刚走出校园的大学生找到了我。他说他想要创业，但不想和别人合伙，他坚信凭借自己的聪明才智可以在创业的道路上大展拳脚，实现自己的创业梦想。听了这位年轻朋友的话，我沉思了片刻，最终只问了他一句话："你觉得你和马云、马化腾相比，谁更厉害一点？"

我说这句话并没有想要贬低这位年轻人的意思，我只想告诉他，马云有"十八罗汉"，马化腾有"四大金刚"，史玉柱也有"四个火枪手"。这些重量级的企业家都选择与他人合伙创业，而一个刚从大学毕业的毛头小子，为什么非要单枪匹马闯天下？

一只猛虎敌不过一群狼，个人的能力再强大，对于创业来说也是远远不够的。即使在崇尚个人英雄主义的美国，像微软、苹果、谷歌这样的传奇企业，也都是由几个联合创始人共同创造出来的。

大部分的创业都是源自一个人的突发奇想，然后与另一个人一拍即合，两人搭档把公司办起来，并随着公司的壮大及业务的拓展引进更多的成员，从而形成一个早期的创业团队。团队的意义在于搭建一个体系，体系内的成员各司其职，为了一个共同的目标而努力。

当然，人人心中都有一杆秤，每个天使投资机构也都有不同的评判标准。但是在天使投资人眼里，人才的重要性不亚于项目，因此，只有你的分量足够重，才有可能造就《阿甘正传》一样的传奇故事。

第17问　吸纳新投资，是不是钱越多越好？

邻居老杨是一家进出口贸易公司的老总，有一天他兴冲冲地跑到我家，说有喜事相告。原来老杨的公司这几年发展势头迅猛，公司业绩连续翻番，最近被一家投资机构看上，投资机构表示给老杨的公司投个500万元、1 000万元都没问题。老杨一听，心里乐开了花，不过他也沉得住气，没有当场拍板做决定，说是先考虑下。投资机构能给公司投入1 000万元当然是好事，不过老杨也担心他们投得越多，到时占股比例势必也越高。于是决定先与我商量下。

现在很多创业者一听说有投资机构决定入股，就好似天上掉馅饼一样兴奋。殊不知，拿人手短，投资额多未必是件好事。尤其是企业本身创业资金充足，项目前景乐观时，创始人更不必垂涎于外来资金，完全可以自力更生，在企业发展初期做到100%控股。

当然，对于创业资金不足的企业来说，能吸纳到投资机构的资本具有重大的意义。这意味着企业获得了救命钱，能维持正常运作。同时，投资机构愿意投资，也意味着公司的发展获得了专业机构的信任，有利于强化员工的信心。但是尽管如此，企业在吸纳新投资一事上也需要谨慎对待，不是谁的钱都能要，更不是外来资金越多越好。

1. 选资本就是选合伙人

对于企业来说，选择谁的钱，就意味着选择哪个合伙人。投资人的真诚度、对企业发展理念的认可度，都关系到企业未来的发展规划。投资人对企业的影响，在某种程度上比投资额更重要。

事实上，好的投资人给企业带来的价值远不止资金这么简单，还会带来先进的管理理念、人脉资源及宝贵的创业经验。他们在企业的发展过程中能扮演领头羊的角色，带领企业走向更广阔的天地，也能成为企业领导人的创业导师，在关键时期提点一二。毫不夸张地说，一个志同道合的投资人，他的智慧就是企业发展的无形资产。

因此，在权衡投资人和投资额时，并非钱越多越好，适合企业发展的投资人或投资机构才是最重要的。

2. 外来投资资金越多，意味着分出去的股权越多

外来投资者占股越多，企业创始团队的股权就越少，到了后期企业面临上市融资时，股权将会稀释得更多。那么，企业创始人就有可能面临失去企业控股权的风险，最终"为他人作嫁衣"。因此，在企业发展并不是很缺少资金的情况下，我建议企业适当融资即可，最重要的还是把控住企业的控股权。

老杨的企业发展一直很顺利，也不缺少资本。那么在融资谈判时，就要争

取主动权，与投资人平起平坐，不卑不亢，争取以最少的股权作为代价，吸纳到最多的投资额。如果双方谈不拢，必要的时候甚至可以退一步，放弃融资，自力更生也未尝不可。一般来说，在天使轮融资时，企业出让的股权比例最好控制在10%左右，否则后期股权稀释会越来越快，老杨一不小心就容易失去控股权。

总而言之，企业吸纳新投资时，并不是钱越多越好，而是要遵循以下两个根本原则。

①投资人认可企业既定的发展战略，有助于企业未来发展。

②确保创始团队拥有企业的绝对控股权。

只有满足这两个原则，企业吸纳到的新投资才能真正有助于企业进一步发展。

第18问 创意、技术、资金、资源如何作价入股？

> 曾经有个"海归"博士向我咨询关于技术入股的问题。他说有一家公司想请他以技术入股的形式加入他们公司，但他不知道如果按照这种形式入股，应该占股多少合适。生活中也有不少朋友向我咨询过这样的问题。

创意、技术、资金、资源等无形资产，越来越受到当下创业公司的重视，它们是创业公司核心竞争力的重要组成部分。那么，以创意、技术、资金、资源这些无形资产入股，创业公司该为此作价多少呢？

1. 创意

在大多数人的印象里，创意入股是件不太可能的事情，但在我接触到的人当中，确实有凭创意入股且占股达50%的例子，让人大跌眼镜。其实，创意入股的首要前提在于，这个创意是否新颖、有特色且具有较强的生命周期。一个可以源源不断地为公司带来利润的创意，当然有很大的市场价值。尤其是像广告公司、点子公司类的创意型企业，它们的主要价值就在于创意，因此创意型人才的占股比例高也不足为奇。

至于创意占股多少、占的是干股还是其他形式的股份，需要创意者和公司创始人进行协商，只要双方达成一致就可以。

2. 技术

以前有人问我，创业最不可或缺的资源是什么？我的回答斩钉截铁——人才。说得再详细一点，就是技术型人才。当今社会，有资金、有能力的人比比皆是，唯独掌握技术的人才越来越少。技术型人才是最不可或缺的资源，特别是在当前最为繁荣的互联网创业公司中，他们更是公司财富的直接创造者。我身边就有好多企业老总抱怨找不到合适的技术合伙人。

在实际操作中，越是核心的、市场需求量大的技术，占股比例就越大，反之占股比例就越小。

3. 资金

资金是企业发展的前期基础，毕竟没有资金，一切都是妄谈。充足的资金可以有效提升企业的管理水平、运营能力，增强企业的竞争力，保证生产经营的有序开展。同时，资金也是创业公司股份分配的一个重要考量因素，甚至有些企业直接就会按照出资比例去划分股份。

具体到资金入股的作价问题上，需要考虑两方面因素。一方面是出资时间，例如，两年前你拿50万元可以给你20%的股份，而两年后公司发展已初具规模，你再出50万元可能只能拿到10%的股份；另一方面是具体出资数额，出资越多所占股份越多，出资越少所占股份也就越少。需要注意的是，出资占股应有上限，一般创业公司给投资人的股份不会超过30%。

4. 资源

很多公司在创业初期都会面临没有客户的烦恼，这时如果有人愿意为你提供稳定的客户资源,但要求你给他一部分股权,你愿不愿意?对初创公司来说,资源的丰富与否关系着公司的生死存亡,没有资源的公司很有可能举步维艰,因此才会有那么多人喜欢与掌握着一定资源的人合作。

有人将资源入股比作技术入股,但是以资源入股的形式在工商局无法备案。如果创始人与入股者协商一致,可以召开股东大会,在会上规定资源入股者负责的工作及所占股份比例,并将股东大会决议交到工商局备案。

第19问 创业公司里,工资和股权该如何权衡?

2018年5月,我收到了一位创业网友的求助邮件,邮件中他是这样描述的。

> 前段时间,我和好友考察了一家持续亏损的英语培训中心,经过市场调研后,我们觉得这个行业在当地有不错的基础,而且凭我们的能力可以扭亏为盈。因此,我们决定入股这家培训中心。我和好友是全职,负责培训中心的运营管理,占股50%;还有其他3位股东并不参与经营,但是可以为公司提供培训资源,也占股50%。
>
> 成立初期,我和好友的想法是先把公司做起来,等有了利润再谈待遇的事。说实话,刚开始经营压力特别大,本身这个行业竞争就非常激烈,每个月至少要有5万~6万元的营收,利润率要达到50%才能确保不亏损。我们倾尽所能,终于从后半年开始扭亏为盈,之后利率也稳步增长。
>
> 公司经营状况改善后,我们希望能够提高待遇,但是几次与另外三位股东沟通都遭到了拒绝。其实我也能理解他们,我们每个月拿得越少,可供分配的利润就越大。但是,站在我自身的角度考虑,我和

> 好友是全职工作，贡献更大，却跟不参与经营的股东共同分配利润，感觉非常不公平。

其实上面这位网友提出的问题非常普遍，股东所处的位置不同，看问题的角度就不同，观点也就不尽相同。很多创业者不懂股权和工资如何分配才合理，在这里我提出一个四步走的观点，希望可以给创业者做个参考。

1. 设定公司的薪酬战略

企业可以通过调研来了解同行企业的薪酬状况，再对比自己企业的薪酬是偏高还是偏低，然后根据这个定位，做出最适宜创业公司实际情况的薪酬战略。

2. 岗位评估

根据激励对象的岗位价值进行评估，预估其未来能够为公司创造多少价值，据此推算这个岗位应该拿多少股权。

3. 行业水平和个人需求相结合

例如，同行CEO的年薪大概是100万元，你的企业CEO薪酬要求是120万元，那么可以采取工资与绩效收入总和为95万元再加上股权收入为25万元的方式来操作。这种薪酬模式既激励了CEO的斗志，又增强了企业的薪酬竞争力，还能为公司减少现金支出，一举三得。

4. 通过对未来的预期进行调整

预测下一年度可分配利润与现值之间的差异，再将其转换成比例系数，然后用于调整和计算。例如，你的企业CEO期望年薪120万元，而你现金支出只能给到100万元，那么剩下的20万元可用在职分红股转换。如果公司明年预计能够拿到1 000万元分红，那么CEO分20万元，即2%的比例。也就是说，CEO年薪100万元，外加2%的在职分红，但是这2%的分红是否能拿到，取决于明年他是否能保证公司达到1 000万元分红的目标。如果他带领公司超额完成目标，那么他还可以获得超过120万元的收入。这种计算方式相对简单，比较适合发展较成熟的公司。

对于核心高管和核心团队，创业公司拿出多少股份来进行股权激励比较合适呢？事实上，企业千差万别，创业公司应该拿出多少股份，没有绝对正确的比例。但是股权激励的比例有三条生死线，需要时刻谨记。

①释放给员工的股权额度必须低于三分之一，以保证创始人对企业拥有完全治理权。

②创始人控股最好大于等于52%。不谋万世者，不足谋一时；不谋全局者，不足谋一域。股权激励也一样，不能光看眼前，还要着眼于未来。一旦企业真的上市，1%的股份将直接影响创始人的控制权。因此最好大于等于52%，而不是普遍认为的51%。

③企业处于初创期时，创始人最好占股67%以上，发展期占股52%以上，扩张期占股35%以上，企业步入成熟期，拥有2.5%的股份就可以了。

总之，在进行股权激励时，工资和股权的权衡也是一门艺术。这对于初创公司的创始人来说，不仅是对胸怀的度量，更是对智慧的考验。

第20问　股权分配什么时候谈比较合适？

广东居乐仕是我客户的单位，是一家集生产、研发、销售为一体的家居公司，且已经成功经营了14年。随着电子商务的冲击，公司的发展出现了许多困难，员工的工作动力也开始慢慢消退，老板经营得越发艰辛。2018年4月，居乐仕在我们的帮助下，正式导入股权激励制度，还搞了一个正式的启动仪式。一批核心员工在现场表现得极为激动，股权激励点燃了他们的激情，也点燃了他们的梦想，让他们更愿意承担责任和接受目标。

很多人都觉得，当企业发展遇到瓶颈了，再去导入股权激励也为时不晚。也有很多人觉得，创业初期做股权分配为时过早。事实上，企业在任何阶段（如创业期、发展期、扩张期、成熟期、稳定期）都可以做股权激励。但要注意的是，不同的发展阶段，股权激励的模式也不同。

1. 创业期

创业初期，团队不成熟，企业最适合做虚拟股权激励，也就是在职分红激励。在职分红相当于以能力入股，不用投资，也不用承担亏损风险，可以分红，但是没有表决权和所有权，离开公司股权就自动失效。创业初期尽量不做员工注册股，也就是不分配实股。此时员工的诚信、能力都还未得到考验，一旦做了员工注册股，就意味着埋了一颗定时炸弹。当发现对方并未达到预期目标时，想让对方再把股权让出来，将是件非常麻烦的事。股权激励是一把"双刃剑"，不做可能是"等死"，但是做不对也可能是"找死"。

2. 发展期

企业发展中期，员工的工作积极性和潜力对企业发展至关重要。此时，企业发展还不稳定，股权激励不宜过多调整，在职分红激励依然比较合适。

3. 扩张期

扩张期的企业度过了最困难的阶段，资金、人才都开始慢慢聚集。一部分企业会考虑建立分公司或子公司，扩张企业版图。此时可以引入更多的股权激励模式，如尝试推进注册股激励模式，使企业扩张更加顺利。

4. 成熟期

成熟期的企业内部，人才已经经历几轮洗刷，留在企业中的员工，不是功勋卓著的企业元老，就是能力出众的新秀。分公司的股权激励推行已自成气候，此时总部就需要推行不同于分公司的激励模式，如采用集团股激励方式，这样更能推动企业发展。

5. 稳定期

企业发展到稳定期，可能面临上市的选择或已经上市。此时，企业已有能力回馈员工和社会，如果推行注册股重组，或者尝试适合上市企业的期权激励，并不断完善优化，就会让企业变得更有人情味，有助于企业基业长青。

第21问　企业在做股权设计时必须注意哪些问题？

有一次，我收到一位咨询者的留言，他说自己是一位童鞋生产厂家的老总，企业员工近500人，年生产总值达到5 000万元。为了进一步激励管理层的工作积极性，他想在企业做股权激励。但是他不知道在股权设计上需要注意哪些问题，于是向我请教。

我和团队曾经帮助4 000多家企业成功落地股权激励制度。对于每一家企业，我们都是在前期全面收集资料，然后经过多次讨论、修正，直至制订出一整套完整的激励制度。也就是说，做企业股权设计涉及的问题非常多，但是也并非无规律可循。这里总结了12个问题，也就是我常说的12根"定海神针"，如表2-1所示。希望能帮助创业者做好股权设计。

表2-1　企业股权设计的12根"定海神针"

序号	问题	本质
1	股权激励适合什么样的公司及部门目标？	定目标
2	用什么方法做股权激励？	定方法
3	在什么时间做股权激励？	定时间
4	对谁进行股权激励？	定对象
5	用多大额度来激励？	定数量
6	用以激励的股份从哪里来？	定来源

续表

序号	问题	本质
7	股权激励是给实股还是虚股?	定性质
8	股份是否要花钱购买?	定价格
9	股份有什么样的权利?	定权利
10	怎样才能拿到激励的股份?	定条件
11	是否要签订协议?	定合同
12	股东有哪些退出机制?	定规则

1. 定目标

激励是基于未来的价值创造,既然是着眼于未来,那么在做股权设计前,首先要设计一个清晰的目标。这个目标可以按时间跨度分为:年度目标、季度目标、月目标、日目标;也可以按性质分为个人目标、部门目标和公司目标。目标一旦定下,被激励者必须与企业签订"军令状"和责任书,并当众承诺。

2. 定方法

股权激励的常用方法有很多,包括现股激励、期权、在职分红、分红回偿、技术入股、员工持股、管理层收购等。在实际应用时,最好采用股权组合的方式,针对企业实际情况,定制化地设定和实施。

3. 定时间

定时间不仅包括股权激励的开始时间,还包括股权激励的结束时间,以及股权激励的考核时间、分红发放时间。例如,企业导入股权激励的时间是2018年6月1日,激励周期是一年,那么股权激励在2019年5月31日截止。在此期间,企业可以设立几个阶段性的考核日期,如一季度一次、半年一次等。

4. 定对象

一般来说,被激励的重点对象是公司董事、管理层人员,以及对公司未来发展有直接影响的核心人员。随着股权激励观念深入人心，股权激励对象的范围也在逐渐扩大，许多公司将普通员工也逐渐纳入激励范围。

5. 定数量

定下激励对象后，就要确定不同层次的激励对象应占有的股权比例。这个数量的设定有两个前提条件：一是确保激励对象能够真实地感受到激励；二是要维护企业的管控安全，即不能因此丧失企业主动权。

6. 定来源

（1）做减法

在股权激励过程中，股权会增发也会释放。增发的股权大多是原有的100%的股份释放出去的。例如，企业老板一共拥有100%的股份，外聘CEO分掉5%，万一CEO走了，企业就流失了5%的股份。这种"做存量、做减法"的激励方式，会让企业面临"死亡"威胁。

（2）做加法

还有一种方法，称为"做加法"，也称"无中生有法"，即把原有的股份虚拟成100股，也就是虚拟股权。假设来了新的CEO，给他5股，就在原来的100股上加5股，总股数变成105股。我们都知道，股数不能无限变小，但是可以无限增加。这种激励方法能促使员工更加努力工作、不断争取股份。

7. 定性质

（1）虚拟股

虚拟股权只有分红资格，没有决策权，不需要到工商局注册，不会影响股权结构。虚拟股不代表虚假，其得到的分红可能比注册股还要多。

（2）实股

实股是指非上市公司直接以该公司在工商局登记的股权作为激励目标，是公司激励员工的终极武器。

8. 定价格

（1）现值等利法

假如一家企业净资产为 100 万元，那么按 100% 的股份来算，每一股就是 1 万元。如果 CEO 想要占股 5%，就要出资 5 万元购买，这是第一种方式——现值等利法。

（2）现值有利法

在上述例子中，如果这个 CEO 只需要出资 2.5 万元，就可以得到 5% 的股份，这种方式就是现值有利法，是对管理层十分有吸引力的一种激励方式。

（3）现值不利法

还有一种方式，假如风险投资愿意买股份，那么他需要出资 10 万元才能买到 1% 的股份，这称为现值不利法。

9. 定权利

不同的股份属性有不同的权利。虚拟股只有分红权，实股有决策权、转让权、继承权、抵押权和担保权等多种权利，因此在制订股权激励制度时，应充分考虑并运用好权利问题。

10. 定条件

目的决定条件。你想留住什么人，留住多久，你希望他做出什么业绩，都需要通过考核制度来体现。也就是说，给激励对象制订考核条件，只有他达到了预期，才能给予激励。那么考核条件有哪些呢？我总结了一个"六星标准"：人才培育、思想意识、绩效目标、学习成长、道德表率、行为表现。

11. 定合同

一个理想的商业环境应该具有契约精神，当激励对象与企业达成意向时，双方最好签订股权激励协议书，并且落实到白纸黑字上。

12. 定规则

股权激励有进就有退，本书倡导"进入有条件，退出有机制"。国有国法，家有家规，游戏还有游戏规则，股权激励更要有规则。考核和退出机制就像公司的"电网"，如果触犯了就出局，这样既能最大限度地激励员工，也能保护企业利益不受损害。

总之，股权设计不可能一蹴而就，它是一系列发现问题、解决问题的过程。但是股权设计的最终目的是共赢，而不是博弈。如果偏离这个目的，那么股权激励的设计就存在隐患，就有可能前功尽弃。

第22问　占股51%以上，真的能完全控股吗？

几年前，我接到初中同学小叶的电话。小叶和几位朋友准备开一家酒店，小叶资金有限，希望少投点钱，但是又希望最好能拥有绝对控股权。于是他向我咨询，占股51%是否就有绝对控股权？

所谓控股，就是掌握股份的控制权。而掌握控制权，意味着企业家要占有这家公司股份的一半以上。传统观点往往认为51%就是一条分界线，这也是没有做过股权激励的企业家会产生的第一个想法，那么占股51%真的能完全控股吗？

如果企业无论做多大都不考虑上市，那么创始人控股51%就足够了。但是如果企业要上市，就要了解一个新的比例概念，即创始人所占比例要大于等于52%。虽说51%和52%只差一个百分点，但是如果企业真的上市，这1%的控股将直接影响创始家对其企业的控制权。

假设一家餐饮企业，创始人占股51%，企业目标是上市。那么我们来看看这家餐饮企业创始人的股权最终会被稀释到多少。首先，企业要上市，股份至少需要被稀释两次。

第一轮稀释是企业引进风险投资之时。第一笔风险投资希望占有的股权一般不会低于10%，此时，老板的股权占比有以下两种可能。

第一种可能：其他合伙人的股份都是"优先股"，那么风险投资人的股份比例10%将从创始人的51%里面扣除，创始人的股份比例就只剩41%了。

第二种可能：所有合伙人共同稀释股份，那么创始人也从51%中拿出10%，即拿出5.1%给风险投资人，自己剩下的股份比例是45.9%。

相比较而言，第二种同比稀释法对创始人来说是比较理想的，创始人剩余的股份比例会多些。

然而，企业还要面临公司上市时的第二轮稀释，此时一般会再次稀释25%。总体来算，企业上市期间两轮股权稀释的比例相加高达35%。如果创始人原来持有51%的股份，被稀释35%之后，所剩的股份比例就是33.15%。如果创始人原先持有52%的股份，同样被稀释35%之后，所剩的股份比例就是33.8%。

这两个数据看似只是百分之零点几的差别，却跨越了一条分界线，就是一个大于1/3，一个小于1/3。如果占股比例少于1/3，那么在股东会上投票时，创始人就很有可能被其他股东联合起来"一票否决"，这意味着创始人被架空。只要反对他观点的投票超过2/3，那么创始人将失去话语权，其他股东就能对公司做任何改动，包括重新制订公司章程等。

因此，对于准备上市的企业来说，传统认为的控股底线51%并不能完全控股，创始人控股最好大于等于52%。

如果在两次股权稀释后，作为创始人还能拥有1/3以上的股份，那么除了保证外围的股份整体少于67%之外,还将拥有另外一项权利——重大事件否决权。

在我的建议下,小叶争取到了52%的股权。事实上,正是因为这多出的1%的比例,在事后企业多次融资时,小叶一直把控着企业控股权。做股权布局,不能只看眼下的一城一地一时,而是要把企业的整个生命周期看透。在关键线上做好防御机制,免得日后陷入股权变更的纷争乱局中不能自拔。

第23问 创业公司如何快速提升业绩?

学员刘总曾向我诉苦,说他的服装有限公司发展缓慢,他很乐意拿出一部分企业股份与核心管理层分享,以此来提升业绩,但是他们却并不感兴趣。为此他很苦恼,让我帮忙分析一下原因。

在与刘总的接触中,我发现该学员有思想、有理念,问题就出在他与团队严重脱节,导致团队成长缓慢、缺乏活力,员工做起事来自然没有干劲。于是,我建议他"下猛药",制订年度销售目标和利润目标,并按净利润进行超额利润分红,用超额利润虚拟股来激励团队。

什么是"超额利润"?例如,企业今年的目标利润是1亿元,超过1亿元的利润就称为超额利润,适用于超额利润激励法,这是企业快速提升业绩的一大法宝。那么,该如何制订超额利润激励法呢?以上面提及的服装有限公司为例,来详细阐述超额利润激励法。

1. 激励对象及激励额度

服装公司高管共26人,公司将他们都纳入了实行超额利润分红的激励范围,并分别制订了不同的激励额度,如表2-2所示。

表2-2　某服装公司激励对象及激励额度详情

部门	职务	股份额度（万股）	人数
总经办	总经理、副总经理	60	4
销售部	销售总监、经理	100	8
业务部	总监、经理	50	4
生产运营	总监、经理	25	4
品牌运营	总监、经理	25	2
分店	店长、副店长	40	4
合计		300	26

2. 超额分红机制

根据各部门的业绩指标和公司目标，确定营销中心、品牌中心的超额净利润分红比例，如表2-3所示。

表2-3　某服装公司超额分红机制详情

实际完成比例	80%	100%	120%	150%	200%
净利润提成比例	10%	15%	20%	30%	40%

完成净利润目标的80%~100%，按净利润的10%提成；

完成净利润目标的100%~120%，按净利润的15%提成；

完成净利润目标的120%~150%，按净利润的20%提成；

完成净利润目标的150%~200%，按净利润的30%提成；

完成净利润目标的200%以上，按净利润的40%提成。

3. 超额分红额的计算

各职务的超额分红额＝各中心的超额净利润（超额累计净利润额）×对应的超额累计提取比例。

超额利润激励法最主要的目的就是快速提升企业业绩，讲的是共赢。使用超额利润激励法，不但对公司没有任何伤害，还能很快调动高管们的积极性，是创业企业常用的激励法之一。

第24问　创业企业破产，只有分红权没有表决权的员工是否需要承担责任？

> 小李与两位朋友共同成立了一家贸易公司，小李占10%的虚拟股，也就是只有分红权没有表决权。两年后公司因为经营不善而破产，清算时公司账面现金有2万元，固定资产折价后是10万元，即总资产是12万元，但是公司对外负债30万元，资不抵债。此时，小李需要按股份比例出钱承担公司亏损吗？

现实中有些创业者也会碰到类似于小李这样的烦恼。那么，当企业破产时，只有分红权没有表决权的员工是否需要承担责任呢？

前文中说过，股份从大范围来分，主要分实股和虚拟股两种。实股需要到工商局注册，具有决策权和分红权；虚拟股不需要到工商局注册，只有分红权，没有表决权和所有权，不能转让和出售，并且在员工离开企业后自动失效。虚拟股能享受企业利润，无须承担企业风险。也就是说，案例中的小李不需要出资承担债务。

假如小李拿的10%不是虚拟股，而是出资10万元买到的实股，那么他需要承担债务吗？答案是不需要。因为小李是股权的拥有者，是有限范围内的责任人，小李只要缴纳了10万元，就已经完成了股东义务，无须对公司行为负责。

对于有限责任公司的股东，《公司法》中明确指出依据其出资额判定责任。如果你作为股东，已经按照相关法律法规及合约缴纳了相应资金，那么就无须对公司的破产承担责任；如果你在公司破产时未能缴清认缴资金，根据《公司法》第二十二条规定,公司解散时,股东尚未缴纳的出资均应作为清算财产。股东尚未缴纳的出资,包括到期应缴未缴的出资,以及依照规定分期缴纳尚未满缴纳期限的出资。

如果你逃避债务,滥用股东权利,损害公司利益,如出资不实、抽逃资金、挪用公款等,就需要承担公司破产的连带责任。

对于股份有限公司来说,《公司法》规定股东依据其认购的股份判定相应责任。因此股东必须遵守相关法律法规,遵循企业章程,合理行使股东权利。同样,如果你作为股东滥用股东权利,损害公司利益,造成其他股东与公司的损失,那么也要依法承担连带责任。

除此之外,《公司法》第六十三条还规定,一个有限责任公司的股东,不能证明公司财产独立于股东自己的财产的,应当对公司债务承担连带责任。

公司面临破产绝对是件不愉快的事,但作为股东,如果你知道自己至少无须为公司债务负责,心里是否会稍感安慰呢?

第25问 如何避免被小股东"绑架"?

冯总创办了一家家政公司,摸爬滚打了好多年,公司终于成了点气候。为了拉一把自己的亲弟弟小冯,冯总在小冯刚毕业时就让他加入了公司,并分给小冯40%的股份。兄弟同心,其利断金,公司发展得如火如荼。为了让公司更上一层楼,冯总给能力突出的员工小红10%的股份。最后,冯总持股50%,弟弟持股40%,小红持股10%。

本来公司一切都在冯总的掌控之中,但当弟弟与小红日久生情并结婚后,矛盾就开始出现了。结婚前,弟弟都是听哥哥的意见;结婚后,弟弟更加倾向于自己的妻子,只要小红一个反对,哥哥的提议就会被否决。因为当初为了规避股东之间的亲情关系,公司在制订章程时采用了股东平权原则,章程规定"任何决议以股东过半数以上表决通过"。事情发展至今,冯总进退两难。最后冯总一不做二不休,忍痛割爱,解散了公司。

案例中冯总作为公司的大股东,彻底被小股东小红"绑架"了!像这样的情况在现实中也时常发生。那么如何避免被小股东"绑架"呢?

我之前说过,股权结构是一个公司能稳定发展的基石,尤其当企业处于初创期时,创始人最好占股67%以上,否则创始人的控制权就很容易受到威胁。冯总公司的股权安排就不太合理,更何况三人还存在剪不断理还乱的亲属关系。

另外,股东平权也是罪魁祸首。试想一下,如果冯总的弟弟没有与小红结婚,平权原则最大的受益者是冯总,却损害了小红的利益。由此可以看出,冯总之所以被两个小股东"绑架",其根本原因并不是弟弟与小红结为夫妻,而是公司的管理机制和股东权利的分配存在缺陷。如果不能实现大股东和小股东双赢,结果就是总有一方的利益会受到侵犯。

要避免被小股东"绑架",除了公司股权结构、治理机制要不断完善外,大股东也要充分尊重小股东的利益、话语权和否决权。当出现决策分歧时,双方要第一时间沟通,找到最佳的解决办法。如果大股东不顾小股东利益,一意孤行,就很容易引起众怒、激化矛盾。

虽然大股东应尊重小股东的权利,但是这种权利也应该有限制,否则会导致大股东在治理公司时受到严重挑战。更有甚者,如果小股东权利过大,还可能会联合造反,把大股东踢出门外。

创业并非儿戏,创业团队就像拉着马车往前驰骋的一群马,无论是大股东还是小股东,都是那匹驰骋的马。只有完善的机制才能让彼此利益均衡、齐心协力,否则难免出现大股东欺压小股东,或者小股东"绑架"大股东的现象,最终导致企业根基动摇。

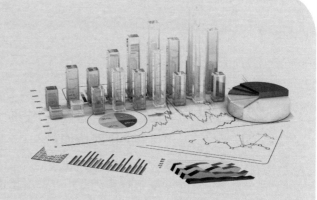

第 3 章

合伙人股权：合伙打天下之前，应定好分天下的规则

创业本就是"九死一生"的事情，合伙创业更要谨慎。人人都说兄弟情深，殊不知就算桃园三结义，亦有君臣之分。创业犹如打江山，合伙股权就如刀剑，可伤人亦会自伤，唯有一纸制度平天下。

第26问　哪些股权结构像一个定时炸弹，可能会随时爆炸？

> 成立于1990年的真功夫是一家全国连锁中式快餐企业，创始人蔡达标与潘宇海各出资4万元，分别占股50%。随着真功夫发展规模越来越大，蔡达标与潘宇海在经营问题上无法达成共识，矛盾越积越深。2009年二人对簿公堂，2013年蔡达标因涉嫌挪用资金、职务侵占被判处有期徒刑14年，没收财产100万元。这起股权纠纷案自此终结。

综观真功夫的股权之争，根本原因在于股权结构的不合理性。蔡达标与潘宇海两个人各占50%的股份，会让公司股东形同虚设。由此可见，股权结构是否合理对于企业来说非常重要。

对于初创企业来说，股权结构的设计直接影响公司的发展，合理的股权设计方案，可以明晰合伙人之间的责、权、利，科学体现各股东对企业的贡献、权利和利益，有助于维护企业和项目的稳定，方便企业融资和进入资本市场。在未来企业融资后，也可以确保创业团队对企业的控制权。总之，合理的股权结构是企业稳固的基石，创业者必须从专业、理性的角度进行设计，再配以相应的管理机制，才能确保企业长久、稳定地发展。

每家企业的性质不同，股权结构是否合理要结合公司实际状况来分析。这里主要列举几个比较容易导致问题爆发的股权结构，供创业新手参考，帮助大家少走弯路。

1. 炸弹一：平均股权结构

俗话说，一山不容二虎，势均力敌的股权就像两只老虎，随时可能起纷争。

> 有一家有限公司，股东是张先生和李女士，在创办公司之初，因投了一样的资金，二人在股份上各占50%。刚开始两个人意见一致，公司发展顺利。但随着公司逐渐壮大，事务越来越多，两位股东时不时就会意见不同。因为两个人都坚持己见，结果导致公司有些决策迟迟无法做出，严重耽误公司发展。

这就是平均股权结构带来的典型问题。平均股权结构容易导致股东会议陷入僵局，激化股东矛盾，严重的还会造成股东争夺公司的控制权。"真功夫""西少爷"这些平均股权结构的企业都给我们敲响过这样的警钟。

2. 炸弹二：股权高度集中

股权高度集中，意味着大权在握。股东会议对于这种股权结构的企业来说，形同虚设。这样的企业当权者，很容易陷入唯我独尊的个人英雄主义。如果当权者眼光敏锐、思想开放、经营管理经验丰富，也许能带领企业走向光明的未来，否则，很容易将企业带向深渊。

在一些传统家族式企业中，最容易出现这种股权高度集中的情况。20世纪90年代初，温州家族企业如雨后春笋般蓬勃发展，但是发展至今，真正做成品牌的寥寥无几。这与股权结构的缺陷有直接的关系。在家族式企业中，创始人很容易将公司视作私有财产，牢牢控制企业大大小小的一切事务。但是时代在不断变革，那些被家族当权者一手带大的企业，很容易止步不前，无法向规模化、科学化、灵活化企业转型。于是，这样的传统家族式企业只能不断在生存线上挣扎。

3. 炸弹三：股权平均分散

"独宠一人"式的股权高度集中结构容易导致专制，但"雨露均沾"式的股权平均分散结构亦不可取。所谓股权平均分散，是指多数股东持有相对均等的低额股权。虽然这样的股权结构能让更多股东拥有参与讨论决策的机会，但也因此容易导致意见难以统一，需要经过多次股东会议或投票才能做出决策，严重影响企业的效率。

4. 炸弹四：夫妻股东

在创业这支大队伍中，不乏一些"夫妻店"。夫妻股东是把"双刃剑"，夫妻齐心，合力断金，能将企业做得顺风顺水。就像潘石屹与妻子张欣共同创立了 SOHO 中国有限公司，夫妻二人在 2017 福布斯中国 400 富豪榜中排名第 69，财富高达 244.9 亿美元。但是"夫妻店"面临的除了公司经营风险外，还多了一层家庭经营风险。

因为工作原因，我接触过很多夫妻公司，他们在经商上都非常有头脑，可以说是很优秀的合伙人，但是矛盾往往爆发在家庭层面，女人埋怨男人在外面花天酒地，或者男人埋怨女人不顾老人孩子，最终夫妻离婚，导致公司管理混乱不堪。更有甚者，为了争夺孩子抚养权、公司管理权等，彼此明争暗斗，闹到最后往往两败俱伤，家庭和公司都没了。

对于那些夫妻股东，要经受的考验除了利益外，还有感情，而后者才是更大的隐患。

5. 炸弹五：挂名股东

挂名股东，顾名思义，就是不出资、不出力，挂个名字在股东名册上。这种情况主要出现在家族企业中，为了符合公司注册时的股东人数要求，把家人或朋友也拉进来，凑够股东人数。这种做法看似是"肥水不流外人田"，实际上存在很多隐患。当公司财源滚滚时，挂名股东很容易心生贪念，利用挂名股东身份，争夺本不该得的利润，最终导致对簿公堂的结局。

挂名股东虽然没有出资，但是在法律层面被认为是真正的股东，需要承担企业经营风险。2015 年有个新闻曾轰动一时，福建永安一个 90 后女大学生工作三年，突然被告知要偿还 9 000 万元巨债。原来这个女孩工作的公司让她当挂名股东，还签了一些文件，结果公司破产时，这个女孩也被起诉了。

由此可见，做企业都需要有点法律意识，最好避免出现挂名股东这样的事件，免得最后"肥水变祸水"。

第27问 给合伙人分配股权之后，发现其能力与股权不相符怎么办？

我的一位发小在大学毕业后，回到老家创办了一所学生兴趣培训班。在创业初期，他时不时给我打电话，讨教一些公司管理方面的问题。后来他做得风生水起，课程越来越多，老师也越招越多，他就又找了个合伙人，开了个分校。

那阵子我经常奔波在外给企业做培训，和他的电话联系比较少。有一年过年我回家探亲，他特地请我吃饭，聊起新学校的事，他大倒苦水，说给了合伙人不少股份，但是这个合伙人的人品欠缺，能力也不行，分校一直不盈利，问我怎么办才好。我说，赶紧收回股权啊。我那发小其实早有这想法，听我说完后便没有再犹豫，第二天就付出了较大的代价，将合伙人的股权收了回来。在更换合伙人之后，那所分校半年内便起死回生，在当地也算是小有名气了。

路遥知马力，很多时候，我们在分配股权之后才发现合伙人的能力与股权不相符，这时就要"快刀斩乱麻"，把对方的股权收回。当然，要把一个已经获得了股权的人再踢出局，确实不是件容易的事。

那么，到底用什么办法处理能力与股权不匹配的合伙人比较合适呢？我们可以按实际情况处理。

①如果合伙人为人不错，关系良好，只是能力较弱，那么可以召开股东会议，商量重新调整完善企业股权分配结构。

②如果合伙人为人处世都有所欠缺，不能胜任公司事务，企业又不方便直接出面，那么可以委托第三方专业的股权律师，将股东的权利、义务重新制订规则，或者直接将股权收回。

股权退出方式主要有直接退出、股权回购及转让股权等。

在股权回购和转让股权时，涉及股权的退出价格问题，因此股权定价直接关系到出售股权的股东的利益。非上市公司的股权定价可以参考公司的注册资本，可以以净资产价格作为定价基础，也可以约定固定的金额或计算方式，或者根据第三方机构对公司价值的评估来定价。

最后着重提一点，初创企业的股权一般都分为资金股与人力股，资金股的退出比较简单，兑现即可。人力股相对来说复杂一些，因为人力资源的界限比较模糊，通常会通过时间变量测定人力价值。例如，人力股要求持股人至少供职一定年限，或者持股人要达到一定的业绩。如果人力股持股人退出，那么未达到标准的持股人所持股份应当被回购，达到标准的持股人所持股份可以兑现。

总之，企业做到未雨绸缪总是没错的。把问题都想到前面，在创建合伙人团队时，就把相应的股权激励制度完善起来，包括股权退出机制等，都要落实到纸面上。

可能很多人会说，都是朋友一起创业，磨不开面子。中国人确实都爱讲"兄弟情义"，讲"面子"，但是做企业不是玩过家家，需要一个理智的头脑。先礼后兵，亲兄弟明算账，能减少很多不必要的矛盾。很多股权大战归根结底就是因为缺少完善的股权退出机制，无章可讲、无理可依，结果导致矛盾重重。

股权退出机制与股权激励机制密切相关，具有同等重要的地位。只有事先建立清晰规范的股权退出机制，才能避免事后发生争论。当然，如果事情发生了，也不必过于担忧，及时处理就好。俗话说得好，亡羊补牢，犹未晚也。

第28问 合伙人要工资，给还是不给？

前几天，有位朋友向我诉苦，说他和两位合伙人成立了一家美术培训学校。两位合伙人一位负责书法培训，一位负责美术培训，分别占股28%。学校成立后，两位合伙人突然向他提出，要求每个月拿5 000元工资，说自己参与了培训，付出了劳动，这是应得的报酬。朋友心里有些不快，因为创业初期，公司资金并不多，如果再给他们工资，可能会影响到公司的正常周转，于是特地向我咨询，问我这种做法是否合适？

自我从事管理咨询培训行业后，周围的朋友只要遇到管理上的事都来向我请教。其实，我也只是接触的成功和失败的案例多一点，因此比旁人看问题更全面，更有前瞻性一些罢了，并不是所有问题都能给出完美的答案。

比如"给不给合伙人工资"这个问题我也经常被问到。那么到底是给还是不给呢？其实这个问题没有标准答案。有些看起来很专业、很复杂的问题，在操作上都有标准流程，所以反倒不难。而这些看起来简单的问题，却是无法给出最佳答案的。这就像你问我："员工要我给他加工资，我加还是不加呢？"这些问题都是需要根据企业实际情况而定的。

我见过的公司，大部分合伙人或多或少都是拿工资的，但是也有一些企业的合伙人不拿工资，只拿股份。这首先要看该合伙人的持股方式和具体职位。

一家企业的合伙人一般都会持有一定股份，他们可能是资金入股、产品入股，或者是技术入股、人力入股。有些单纯资金入股的股东，只投资不上班，他们可能会参加公司的重要会议，参与决策，但是在具体事情上不用亲力亲为。

这样的合伙人往往不拿工资。但是这个并没有清晰界限，凭着他的决策、他给公司带来的人脉资源，他如果要拿一些工资，也无可厚非。这主要还是看当初几个合伙人是如何商量决定的。

对于产品和技术入股，尤其是人力入股的合伙人，他们的主要价值就在于通过他们的劳动，给公司带来实际成果。这些合伙人在创业初期会比较辛苦，理论上有必要获得一定的劳务报酬。

那么给这些合伙人发多少工资合适呢？这又涉及公司的经营问题。一般来说，企业初创期资金有限，每个人都是"勒紧裤腰带"往前飞奔，如果合伙人的工资比较高，那么无疑会让企业捉襟见肘。因此，发放能保证生活的基本工资比较合适，这对于合伙人来说，一来能解决温饱问题，没有后顾之忧；二来能投入更多精力到工作上，明白只有多付出才有可能获得高额回报。相信合伙人也会比较容易接受。

当然，如果企业确实属于"特困户"，实在发不出工资来，那么可以通过工资欠条等方式，记录合伙人的应得工资，最后在资金充足时统一发放。

当企业熬过初创期，拿到了融资，那么合伙人在享受应有的股东权益之外，就应该拿到与市场行情相符的劳动报酬，这样才有利于提高工作激情。

在我的建议下，朋友跟两位合伙人晓之以理、动之以情，把工资谈到每月3 000元，并承诺待公司达到预期盈利目标后，就提高到5 000元。两位合伙人看到公司的实际困难之处，欣然答应。

总体来说，全职或兼职的合伙人要求工资或补贴是合理的，应尽量予以满足，尤其是有突出贡献的个体，可以酌情奖励。但这一切都应建立在企业的资金基础上，由合伙人商榷决定。

第29问 合伙出资创业，有人出力，有人不出力，股权应该怎么分？

甲、乙、丙、丁四人共同创办了一家互联网公司，甲出资100万元，乙出资80万元，丙出资60万元，丁出资260万元，公司注册资本500万元。其中，甲从前是企业高管，因此在公司负责管理运营；乙业务能力强、人脉极广，在公司主要负责业务市场；丙是技术大牛，主要负责产品研发；丁则是一个纯出资者，不参与公司事务。

如果按照资金占比来分配股权，那么甲占股20%、乙占股16%、丙占股12%、丁占股52%。

这样的股权结构合理吗？在创业初期，可能还没有矛盾，一旦企业日进斗金后，丙心里容易愤愤不平：我的工作那么重要，得到的却最少，没劲啊。不仅如此，甲和乙也容易心理不平衡：我每天工作那么辛苦干吗，还不如什么都不干的人拿得多呀。

合伙创业很难，难在找合适的合伙人，更难在股权的合理分配。这不是一件简单的、能用钱拍板的事，会牵扯到个人能力和工作性质等问题。

案例中这样的股权分配显然不合理。虽然丁出资最高，但是他除了资金入股外，对公司其他的方面并没有做出贡献。也就是说，他的实际价值，在某一方面来说并没有甲、乙、丙三人高。这样的股权分配只考虑资金价值，完全忽略了人力、产品、技术、资源的价值，很容易造成人心浮动，影响企业发展。

电影《天下无贼》里，葛优饰演的黎叔有一句很经典的台词："21世纪什么最重要？人才！"人才是企业的核心竞争力，如果一个企业里有高端人才的加持，无疑会如虎添翼。那么，在合伙出资的创业团队里，有人出力、有人不出力，股权到底应该怎么分呢？

目前通用的股权结构是资金股比例小，其他股比例大，具体划分要依照公司的性质与股东的协商。如果是技术驱动型公司，可以采用20%的资金股、30%的人力股、40%的技术股、10%的资源股的股权结构比例；如果是人力驱动型的公司，就可以划分20%的资金股、30%的资源股、50%的人力股；如果是资金驱动型的公司，就可以适当加大资金股比例，如50%的资金股、20%的人力股、30%的资源股。不同的公司，股权结构也不同，只要切合公司实际情况，股东全部同意，便可以实施。

在上面的案例中，如果重新调整一下股权结构，资金股占20%、人力股占23%、技术股占35%、资源股占22%。也就是说，甲的占股为资金股+人力股=100/500×20%+23%=27%；乙的占股为资金股+资源股=80/500×20%+22%=25.2%；丙的占股为资金股+技术股=60/500×20%+35%=37.4%；丁的占股为资金股=260/500×20%=10.4%。那么相信甲、乙、丙就会干劲十足，而丁也能持续地坐享其成，不用担心甲、乙、丙三位合伙人撂挑子不干了。

当然，以上案例分析得比较简单，数据也比较粗略，在实际情况下，企业的股权分配可以做得更详细，如增加一些附加条件，以达到激励的效果。

第30问　合伙人退出，当时投的钱怎么处理？

我很少打网络游戏，但是偶尔也会跟朋友们一起打打游戏消遣娱乐。但由于事情太多，有时打到一半，公司一个电话，我就只能匆忙下线，留下队友在风中凌乱。后来每次打游戏，朋友们都会提前让我写一张"保证书"，如果不能打到游戏结束，就要赔偿队友"精神损失费"。朋友说："你这'合伙人'要是中途退出，就得出损失费，你要自己承担风险啊。"因为我平时打游戏时也会跟他们闲聊股权激励,这下倒好,真是"搬起石头砸自己的脚"。

创业期间,合伙人中途退出,就好像打游戏打到一半队友掉线一样。如果有股权退出制度在先,那么直接照章办事,倒也没有那么麻烦。就像我那些队友,有言在先,如果退出就赔偿他们的精神损失,倒也省事。如果没有制度,那么就需要按照企业的实际情况商量着办了。

一般情况下,合伙人退伙,需要退还他的投资及固定收益,或者根据估值退还股份,所有出资均由公司承担。

那么问题来了:如果公司业绩很差,合伙人投资的钱都亏完了怎么办?很遗憾,遇到这种情况,合伙人不仅拿不到投资,还要承担公司的损失。就像打游戏,不能跟队友合作到最后,就会造成队友的损失,那么下线之后就要承担队友的精神损失了。

下面来看看《中华人民共和国合伙企业法》(以下简称《合伙企业法》)的具体法规规定。

第五十一条　合伙人退伙,其他合伙人应当与该退伙人按照退伙时的合伙企业财产状况进行结算,退还退伙人的财产份额。退伙人对给合伙企业造成的损失负有赔偿责任的,相应扣减其应当赔偿的数额。退伙时有未了结的合伙企业事务的,待该事务了结后进行结算。

第五十二条　退伙人在合伙企业中财产份额的退还办法,由合伙协议约定或者由全体合伙人决定,可以退还货币,也可以退还实物。

第五十三条　退伙人对基于其退伙前的原因发生的合伙企业债务,承担无限连带责任。

以上是建立在常规操作下的应对方法,如果在非常规操作下,则需要注意以下几个方面。

1. 合伙人是否违法

在《合伙企业法》里，明确指出了在企业经营期限内合伙人自愿退出的条件。

①发生合伙协议约定的退伙事件。

②经全体合伙人同意退伙。

③发生合伙人难以继续参加合伙企业的事由。

④其他合伙人严重违反合伙协议约定的义务。

如果合伙人没有符合条件便擅自退出，就构成了违法行为，一旦造成企业或其他合伙人出现损失，就要承担相应的赔偿责任。

此外，法律还明确规定，合伙人退出不能给企业或其他合伙人带来负面影响；没有经营期限约束的合伙人，至少要在退出前30天通知其他人。所以说，遇到退伙的合伙人，为了我们自己，也为了合伙企业与其他合伙人，首先要用法律准绳衡量彼此的行为。

2. 合伙人转让股份

有些合伙人在选择退出时，或许出于利益等方面的考虑，会将自己手中的股份转让给第三方，因为公司与其他股东没有权利强制股东退股，所以这种情况时有发生。

还是那个道理：防患于未然，在制订股权制度时就将退股事宜约定好。例如，约定合伙人在几年内不能退股，甚至是一直不能退股，如果执意退股，就要相应减少退还股份或允许企业零价收购其所持股份；规定合伙人退出的时间，必须提前告知或不能在公司的亏损期等。关于股东是否可以向第三方转让股份也要约定好，因为这几乎是唯一的行为准则。

以上就是合伙人退出时应怎样处理股权的各种情况，追本溯源，还是多做对策才能少出差错。

第31问 合伙创业如何约定退出条款才能对公司更有利？

有一次，我收到一位网友的留言，他说自己和三位朋友合伙创办了一家动画制作公司，为了激励大家工作的积极性，公司导入了股权激励制度，但是这几年还是有两位合伙人陆续离职了。网友很郁闷，说他的退出机制做得很完善了，但是合伙人一退，公司就元气大伤了。于是向我咨询有没有对公司更有利的退出条款。

这个问题确实有些让我为难。退出机制如果过于宽松，那么对企业可能存在伤害；如果过于苛刻，只怕合伙人不愿意加入。因此还得权衡一番才行，以下是制订退出机制时需要考虑的几个方面。

1. 财产清算

财产清算是退出机制中必须要过的第一关，这在一定程度上是对公司的保护。一旦清算下来，公司处于亏损期，那么退出的合伙人需要一起承担亏损结果，而不是一走了之。当然，如果公司处于盈利期，也应清算合伙人应得的比例收益。

2. 约定合伙人退出的条件

创业不是逛商场，想来就来，想走就走，为了增加合伙人的责任感，约束合伙人的行为，应该规定合伙人退出的条件。

（1）退出时间

创业最忌半途而废，如果创业没多久合伙人就提出退出，显然会对企业造成不利影响，尤其当企业处于生死存亡之际，合伙人再撂挑子离开，无疑是雪上加霜。因此可以约定，在一定期限内合伙人不能退出，如1~3年或3~5年不能离开等。

（2）退出形式

一般除了自愿退出外，还有法定退出与违约退出两种形式。自愿退出主要依照合伙人自身意愿；法定退出的情况法律有明确规定；违约退出则主要参考合伙协议，一旦合伙人违反其中的规定，其他合伙人即可强制其退出合伙。例如，合伙人的能力欠缺，无法达到公司的业绩指标，则会被强制退出；合伙人自身原因导致无法参与公司运营、完成相关合伙事项，会被强制退出；合伙人出现人身意外、丧失劳动能力等，依据具体情况进行退出。

（3）退出惩罚

对于非常规退出，需要约定好退出后果。如果在非退出期限内退出，就要按照时间或业绩划分等级，时间越早或业绩越差的，退出后的收益越小。例如，规定合伙期限10年，在第9年退出的，收益折损10%，第8年退出的，收益折损15%……以此类推。或者直接规定未按照规定退出的，其所持股价可被公司以0元或1元回购。

3.对回购股价设上限

对回购股价做一个上限指标，这样能避免退股的合伙人漫天要价，有助于公司顺利低价回购股权。

一般情况下，退出条款越详细越好，案例中的网友提到的退出机制，因为我未曾看到具体的方案，所以无法给出实际建议。另外，退出机制也需要根据企业实际情况因地制宜，在制订退出机制时，要考虑到所有坏的情况，没有机会用到最好，一旦真到了"剑拔弩张"的地步，也不至于出现腥风血雨的场面。

第32问 合伙人在企业不同的发展阶段贡献不同，股权比例怎么变？

> 罗先生是我在一次培训课上认识的朋友，擅长广告文案策划。2015年罗先生与两个朋友——小李和小张，成立了一家广告公司。罗先生是创始人，负责公司广告文案，占股60%；小李负责市场，占股20%；小张负责技术服务，占股20%。到了2017年，因为小李在市场方面做得非常成功，将客户发展到了国外，所以公司也成为4A（The American Association of Advertising Agencies）广告公司，即规模较大、综合性的跨国广告代理公司。三个合伙人基于公司现状及市场需要，决定找负责媒介运营的高手小孟加入。股权也有了变动：罗先生占股45%，小李25%，小张20%，小孟10%。股权调整后，罗先生的广告公司犹如神助，在广告业大放光彩，业绩远超预期。

可以说我的朋友罗先生是位非常擅长运用股权激励的企业家，能很清晰地看到合伙人对公司的贡献，并根据这种价值及时调动股份。在现实的合伙创业公司中，能做到把吃到嘴里的蛋糕再吐出来跟大家分享的人并不多。我看到过太多的人在利益面前变得六亲不认、唯利是图，这大概也是人性的缺陷。

股权就像蛋糕，这个蛋糕怎么分，给谁多点给谁少点，都应该有策略。尤其当企业不断发展时，股权结构也应该相应调整。当然，分蛋糕的目的不在于让所有人都吃饱，而是让所有人都吃好，让贡献大的人满意，让贡献小的人努力。

在调整股权结构之前，要保障"职能类"股权的比例。"职能类"股权是指创始人用于保障控制权的股权、用于激励员工的股权、用于发展需要的股权等。

当企业处于初创期时，为了企业的稳定和谐，创始人独占鳌头，一般来说，掌握67%的股权即可实现绝对控股。这时候的股权比例变动较小，因为人员结构简单，新晋人员少。

随着企业的发展，在各方面都有了一定的提升。如果企业被人看好，甚至可以拿到融资，那么此时就需要稀释股权，用于投资人入股和股权激励等。一般拿出10%的股权激励员工，拿出10%~20%给投资人，创始人依然要有控制权，占股50%~51%。即便高速扩张时，企业稀释出10%~15%的股权，至少也要保证创始人有30%~35%的股权，有一票否决的能力。

企业发展到一定程度，各方面都比较健全时，可能已经过了几轮融资，面临上市与否的抉择，此时再"一家独大"就不合适了，因为成熟的大企业是依靠所有员工的共同努力才得以发展的。例如，阿里巴巴创始人马云只占了8.9%的股份，但依然身价不菲，原因在于此时的股权在精不在多。这也是企业发展良好的体现：即便占股少，但依然可以获得收益。否则，持有一家亏损企业再多的股权，也毫无收获。

在各个阶段，确保大致的股权比例，在细节处就可以"论功行赏"了。当然，具体情况具体分析，如果单单为了保证创始人的话语权而过分压缩其他人的股权比例，显然不合适。

一潭碧水，如果没有流动，就成了死水，逐渐变得恶臭难闻。一家企业，如果股份一成不变，也容易让创始团队分崩离析。总之，企业的股权分配要保持动态，要根据合伙人的贡献和企业的发展需要随时做出调整。唯有如此，才能不断激发合伙人的创业热情，让企业登上一个又一个高峰。

第33问　计划上市的企业适合全员持股吗？

李总是我2016年结识的一个学员，为人大方热情，颇具大将风范。

李总从事的是电力工程行业，公司总部设有8个职能部门，下设2个分公司和5个项目组，公司员工接近1 000人，主营开关控制设备制造和电器设备安装等业务。截至2017年，企业的平均年收入达到1亿元。

李总的目标是将企业做成上市公司，但是公司业绩与上市要求还有些差距。眼看着几个主要竞争对手要么登陆了新三板（全国性的非上市股份有限公司股权交易平台，主要针对的是中小微型企业），要么直接在主板市场进行了IPO（Intial Public Offerings，首次公开发行股票），李总有些着急，希望公司能加快发展速度。为了实现这个目标，李总报名学习了我的股权激励课程，希望能通过导入股权激励方案，在一两年内让公司业绩更上一层楼。

在股权激励方案上，李总与几位股东意见相左。李总希望对全体员工实施股权激励方案，以此达到留住员工、提高公司业绩的目的。但部分股东则认为，全员持股好似一碗水端平，大家反而会失去动力，起不到较好的激励作用。于是李总在听完课程后，邀请我给他们企业提供咨询服务，希望打造出一套最适合他们的股权激励方案。

那么，计划上市的企业适合全员持股吗？我认为不适合，理由有两个。

1. 不符合证监会的相关规定

证监会批准成为上市公司股权激励对象的人员一般是公司董事、高级管理人员、核心技术人员或核心业务人员，以及公司认为应当激励的其他员工，但不包括独立董事和监事。如果李总的企业全员持股，那么在企业上市之前，还需要进行股权回购、变更等一系列手续，不利于企业顺利上市。

2. 违背股权激励原则

股权激励重在激励，而不是奖励。奖励可以覆盖全员，但是股权激励则是针对公司核心员工、稀缺员工的激励手段，并非是对所有员工的普遍性福利。

我们都知道二八原则，即企业 80% 的利润是由 20% 的员工创造的。因此，作为稀缺资源的股权就应该用于激励 20% 的核心员工。

在经过多方调研和深入分析后，我给李总企业制订了如下激励方案。

1. 激励对象

8 个职能部门的部门经理和副经理、2 个分公司的负责人和 5 个项目组的负责人，总计 30 人。

2. 股份数量

累计购买持有的股份数量不超过公司股本总数的 5%。

3. 购股资金来源

核心管理层自愿出资。

4. 限制期

激励对象分配的股份，从年度方案实施之日起，限制期为 3 年。激励对象在职期间出售股份，必须符合相关法律和公司规定，离职后一年内不得出售股份。

5. 业绩考核条件

考核指标包括销售营业额、利润、符合净利润增长率等多项指标。

由于篇幅限制和职业操守，我只是大致罗列了为李总公司做的股权激励架构，实际上，针对每一家企业的每一份股权激励方案书都是厚厚的一本。

2017 年年底，在实施股权激励方案一年后，我再次回访李总公司。李总亲切地拉着我的手，告诉我该股权激励方案大大提高了公司核心员工的工作积极性，公司业绩也比 2016 年有了大幅度提升，公司正在谋划上市。李总庆幸当初没有坚持做全员持股计划，否则现在可能就是焦头烂额地收拾烂摊子了。

第34问 核心高管频繁离职，用什么办法才能留住他们？

我的咨询客户中有家深圳的建材有限公司，该公司成立于2010年，主营业务是钢筋、钢管等建材的生产与批发。2017年，公司对外扩张，员工数量达到了100人，公司产值达到了2 000万元。在发展过程中，该公司遇到了一个致命的问题：核心管理层流动性大，导致客户大量流失，公司业绩后继乏力。

通过朋友介绍，该公司创始人周总找到了我，希望我能给他们公司做咨询，帮助他们导入股权激励方案，以解决核心高管频繁离职的问题。

核心高管频繁离职，有一大部分原因在于企业给他们的薪酬达不到他们的预期。针对这种情况，我建议企业导入在职分红激励法。

在职分红激励法也称为"虚拟股份激励法"，是指在职的时候可以分红，不在职就没有分红。这种分红没有投票权、决策权和转让继承权，是公司激励核心管理层常用的方法。假设企业今年的利润目标是1 000万元，那么"在职分红激励法"就是针对这1 000万元怎么分配的方法。

以案例中的建材有限公司为例，我详细讲解一下在职分红股权激励方案的几个要点。

1. 在职分红股的来源

假设公司总股本为5 000万股，股权提取比例为30%，股东股份同比例稀释。企业利润的70%留存企业发展，30%用于在职股分红。

2. 激励对象及激励额度

公司级部门经理以上的关键岗位，基本条件是入职半年以上且通过试用期考核。分配额度如表3-1所示。

表3-1 某建材有限公司激励对象及激励额度详情

序号	激励对象	人数	激励额度（万股）
1	运营部总经理	2	100
2	分店店长	2	80
3	分店副店长	3	70
4	公司总经理	3	80

3. 在职股激励对象的考核

在职股赠予条件包括公司级绩效指标达标和个人指标达标。在职分红股实际赠予额度由在职分红股考核结果确定，如表3-2所示。

表3-2 某建材有限公司在职分红股考核标准

考核指标	评分标准
公司指标	上下浮动制：公司指标完成率≥85%，系数为1，70%≤公司指标完成率<85%，系数为0.7；公司指标完成率<70%，系数为0
部门指标	上下浮动制：部门指标完成率≥85%，系数为1，70%≤部门指标完成率<85%，系数为0.7；部门指标完成率<70%，系数为0
价值观	一票否决制，按照公司的价值观进行考核
自律项	一票否决制，违纪次数不超过规定次数
内部客户满意项	一票否决制，被投诉（成立）次数不能超过3次
品德项	一票否决制，员工支持率不得低于85%
成长项	上下浮动制：成长项系数最低为0.8，学习投资等于或高于收入的5%，系数为1，学习投资每降低1%，成长项系数降低0.05

公司级绩效指标：公司销售额 x 万元以上，利润在 y 万元以上。

个人绩效指标：考核成绩在 B 等以上（含 B 等），或者绩效考核分数在 70 分以上。

在职分红股赠予额度 = 计划赠予的职务在职分红股额度 × 职务考核系数

4. 在职股分红的计算

在职分红股的分红 = 考核当年的在职分红股总分红 ×（在职分红股实际赠予额度 ÷ 在职分红股总额度）

5. 退出机制

①员工出现主动辞职、退休、病故、因公殉职或被公司辞退等情况时，在职分红股自动丧失。

②触发否决条件的事件发生时立即取消在职分红股。否决条件包括：严重违反公司价值观和规章制度；受贿、索贿、侵占和盗窃公司财务；泄露公司经营和技术机密；违反竞业禁止规定；严重损害公司利益和声誉的其他行为；《中华人民共和国公司法》（以下简称《公司法》）第一百四十七条规定的任一情形。

在职分红股权激励法是企业用得较广泛的激励方法。但是任何股权激励法都需要根据企业实际状况来量身定做。不同性质的企业或不同发展期的企业，都要有相应的在职分红股权激励方案与之相匹配，不能一概而论。

第35问　员工离职后不愿退股怎么办？

张总从事红酒销售行业，一个月前，他心有余悸地跟我说起他和朋友创业的故事。他们有个合伙人李总，持有公司 20% 的股份。

> 李总近来想要离职,理由是和其他合伙人性格不合,张总等其他合伙人也都同意李总离开。但是对于李总手上的20%股份怎么处理,众人产生了争议。张总他们想要折价回购,但是令他们无奈的是,李总不愿意交出股份,并且说公司创业他也参与了,并做了不少贡献,之前入伙时也没有协议约定股东离职必须退股。这让张总头疼不已。
>
> 考虑到以后公司做大了,会更难赎回股份,几个合伙人最终以高价回购了李总的股份。

说实话,这样的事情我见得太多了。

公司负责人觉得,你都不在公司了,对公司没有贡献了,怎么还好意思拿着公司股权呢?肯定要还给我们啊。而持股员工则认为,他曾经为公司做了很多贡献,没有他的付出,就没有公司今天的成就,虽然他现在人不在公司了,但也不能抹杀他以前的功劳啊。何况,他有权处理自己的股权,凭什么强制他转出去呢?

公说公有理,婆说婆有理。那么,员工离职后不愿退股,作为企业到底能否强制离职员工转让股权呢?

首先,员工对于股权有自行决定的权利,股权是股东的合法财产,受到物权法保护,没有经过股东同意或不符合法定的强制执行程序,不能随意转让、变动。

其次,员工对公司股权的所有权也不是没有限制,重要的是员工和公司的协议章程怎么签订的。如果在协议章程上明确写道,离职员工必须转让公司股权,那么离职员工就必须按公司协议章程走流程。否则,企业想要强制离职员工转让股份,只能根据员工是否出现股权退出机制的事由来判定。也就是要看这个员工是否犯错了,如果犯了错且这个错误符合公司章程上的股权退出机制,那么,企业就能名正言顺地要求离职员工转让股份。

归根结底，股权激励就像在布局，讲的就是落子无悔。局布好了，能为企业发展保驾护航；局布不好，也会成为绊脚石。作为创业新手，多听一些相关课程，多看一些股权激励的书，总归没错。

第36问 股权代持协议是否有效？存在的风险及防范措施是什么？

> 有一次，我收到一位网友给我的留言。网友说她的表哥想与几位朋友成立一家玩具设计公司，表哥资金有限，就在亲戚群里鼓动大家私下投资。表哥说，如果她能投资20万元，就给她10%的股份，她的名字虽然不能在工商局登记为股东，但是表哥答应与她签订一份股权代持协议。这位网友很想投资，但是又怕这种股权代持的做法有风险，于是向我咨询。

我在给企业做培训时，总是再三强调，要把管理条例落实到纸面上，形成文件。因为在我们的普遍认知里，白纸黑字的合同最有说服力，而在法律层面，盖章的书面文件也确实更容易受到法律保护。但事实上，并不是所有事情只要签字画押就能解决，股权代持协议就是其中一个"高危地带"。

当然，股权代持协议也不是脆弱无比。《中华人民共和国合同法》（以下简称《合同法》）第五十二条规定："有下列情形之一的，视为合同无效。一方以欺诈、胁迫的手段订立合同，损害国家利益；恶意串通，损害国家、集体或者第三人利益；以合法形式掩盖非法目的；损害社会公共利益；违反法律、行政法规的强制性规定。"

紧接着，人民法院又补充："有限责任公司的实际出资人与名义出资人订立合同，约定由实际出资人出资并享有投资权益，以名义出资人为名义股

资源提取码：56645

东，实际出资人与名义股东对该合同效力发生争议的，如无《合同法》第五十二条规定的情形，人民法院应当认定该合同有效。"

这是什么意思呢？其实就是在告诉你，法无禁止即可为。因此通常情况下，只要不违法，股权代持协议就是有效的。

但协议有效不等于风险消失，很多公司没有股权代持现象依然乱象丛生，更何况存在股权代持现象的公司，虽说不是100%的风险，但也凭空多了许多不稳定因素。

首先，股权代持有个别名，称为隐名投资。也就是说，真正的出资人是不会把名字登记在股东名册上的。在暗处易，转明处难。如果实际出资人想结束股权代持，成为登记在册的股东，从自身角度看，只是从幕后走到了台前；但在其他股东眼里，就是把一位股东换成了另一位股东，属于股东变更的"大事情"。

最高人民法院的《公司法司法解释三》规定：实际出资人未经公司其他股东半数以上同意，请求公司变更股东、签发出资证明书、记载于股东名册、记载于公司章程并办理公司登记机关登记的，人民法院不予支持。

也就是说，你想"名正言顺"地成为股东，就得让起码一半的股东点头才行。如果股东结构简单还好，股东人员复杂那可就要颇费力气了。

可能有人要问，既然显名化这么麻烦，那我干脆让代持股东把股权转让给我不就可以了吗？

这样的想法不错，但过于理想化。要知道，股东转让股权，首先要向公司申报，经过一系列流程并得到批准后，才有转让股权的权利。又因为股权转让没有对价，近水楼台先得月，其他股东一看有人要转让，马上会行使自己的优先购买权，岂不是闹了个大乌龙？

其次，是代持股东的问题。虽然有协议的约束，但"有钱能使鬼推磨"，在巨大的利益面前，如果代持股东禁不住诱惑，将股权以合理的对价、正常的手续流程转让给了不知情、非恶意的第三方,那么实际出资人就直接与自己的权益说"再见"了。

当然,《公司法司法解释三》里也对这种情况加以说明:名义股东将登记于其名下的股权转让、质押或者以其他方式处分,实际出资人以其对于股权享有实际权利为由,请求认定处分股权行为无效的,人民法院可以参照《中华人民共和国物权法》第一百零六条(在作为第三方的受让方善意、以合理对价且办理相应交接手续的情况下,该受让方可取得相应的所有权)的规定处理。

这其中的关键词是受让方善意、以合理对价、办理相应交接手续,这三点都满足的情况下,代持股东的转让行为是有效的。如果实际出资人将代持股东告上法庭,就要证明自己确实存在实际损失,而实际损失又很难界定。所以,"再见"的意思是,几乎再也不相见。

如果代持股东禁得住财富的诱惑,那么要先恭喜你,至少权益不会受到损失。但在实际的运营中,由于代持股东直接参与公司的全部股东活动,在重大问题的决策中,实际出资人必须与代持股东的意志保持高度一致。但在实际生活中,即便双方再努力,也依旧存在偏差值,从而导致实际出资人失去一定的话语权。

面对这么多风险,想要规避其实很简单——不使用股权代持。如果非得使用股权代持,那么一定要对代持人进行严格把关,必须选择刚正不阿的人。如果能委托机构进行代持,那么风险会比委托个人低很多。基于此,我建议案例中的网友一定要严格按照法律法规撰写并签订协议,极端情况下,它将是唯一的武器。

第37问 前期股份设置不合理,后期如何处理?

潘总是我的一个老学员,他从事建筑结构加固改造工作多年,经验丰富,2009年他带领团队创办了自己的公司。凭借多年的从业经验和团队配合,公司发展迅速,逐渐成为行业领军者,2014年公司营业额高达3 000万元。但是到了2016年,潘总感觉自己的公司遇到了发展瓶颈,似乎无论怎么努力,企业都无法更上一层了。

2016年年底,为了帮助公司突破发展瓶颈,潘总同时引进了总经理、生产副总和经营副总三位高端人才。为了能够留住人才,潘总在提供高薪资、高奖金的基础上,给了总经理25%的股份,两个副总各15%的股份。这时的潘总并没有意识到他把自己置于了被孤立的险境,三位新引进的人才总股权为55%,已经超过半数。

很快问题就暴露出来了,首先潘总是创业者,而三位高管是职业经理人,双方在价值观上就存在本质的差异,三位高管的目的是赚钱后再创业。管理层的矛盾不但导致中层员工两极分化,还造成与材料供应商和分包单位的矛盾。最严重的是,此时潘总的控制权已经受到了威胁,三位高管自成团队,开始孤立他。

股权设置不合理这个错误,很多企业都犯过。犯错误是很正常的,其实创业的过程就是一个不断试错的过程。一个好的领导者在知道错误之后能够及时补救,然后带领企业继续向前走。

而我见过更多的是,因为股权设置不合理最终引发合伙人之间、创始人与投资方之间、企业与员工之间的股权战争,最终导致创业企业走向灭亡。在我看来,创业企业内部之所以频繁爆发股权战争或闹剧,就是因为没有一个合理的股权进入和退出机制。这就好比两个人相互之间还不了解就稀里糊涂地结婚了，婚后才发现，原来两个人根本不是一类人，这时就想到了离婚。但是问题来了，大家都不知道这个婚怎么离，甚至能不能离得了。

那么，一旦发现企业股权设置不合理，应该怎么办呢？

1. 提前约定退出机制，约定股权成熟期

可以设定一个股权的成熟期限，如果约定成熟期为5年，那么每在企业服务一年就可以获得约定股权的1/5，服务满5年才可以获得全部约定股权。假定合伙人两年后决定退出，那么成熟的股权只有2/5，不成熟的股权其实是没有意义的。对于约定成熟的股权怎么退出，一般会有一个价格，不成熟的股权退出也会有一个价格。通常情况下，核心创始人退出股权后，会由其他创始人进行回购。

2. 股东中途退出，股权溢价回购

根据提前约定的退出方案，企业可以按照当时公司的估值回购退出人手中的股权，回购价格可以适当给予溢价。这样可以有效地平衡退出者和留下来的合伙人之间的利益，确保创业企业能够沿着既有的脉络有条不紊地走下去。

3. 设定高额违约金条款

如果合伙人中途退出，却拒绝公司回购股权，最好的办法是在股东协议中设定高额的违约金条款，让退出人认为接受公司的溢价回购更有利，如果一味决绝，反而得不偿失，这样就保证了退出机制的顺利实施。

大家合伙创业，都希望最后能共同品尝胜利果实，但是中途的人员调整是不可避免的，不是所有人都可以走到最后。在创业过程中，我们不需要绑架任何人，每个人都有自由选择的权利，正确的做法应该是，确保人员的进出和股权的变动不妨碍整个创业梦想的实现。

第38问 合伙人拒绝参加股东会或拒绝签收会议通知，应如何处理？

朋友小赵最近为公司的事愁白了头发。事情的起因是这样的：小赵与两位朋友——小王和小马，两年前一起成立了一家管理咨询服务公司。在合作中，小赵发现小王的做法总是与公司的经营理念背道而驰。有几次，公司开股东会，小王总是借口不来。小赵很是郁闷，只好向我求助，看看有没有什么好办法。

股东会是由所有股东组成的机构，它代表公司的最高权力，掌握公司所有重大事项的表决权，所有股东都有权利参加股东会。可以说，参加股东会是股东的权利，也是股东的义务。但凡正常运行的企业，召开股东会议都会比较顺利。股东们就算事情再多，也会以股东会议为重，毕竟这是自己的企业，都希望企业朝着好的方向发展。

有句话是，"你永远叫不醒一个装睡的人"。像小王这样有意拒绝参加股东会的人，用正常的方式通知他开股东大会，很难达到目的。那么，对于这种不负责任的股东，我们有什么办法呢？

首先，要寻找原因。一个持股的合伙人，一般不会无缘无故拒绝参加股东会，肯定是对企业某方面心存不满。是股权分配问题？是薪资待遇问题？还是对人员配置不满？总之，要与合伙人多沟通交流。俗话说，家和万事兴，找到合伙人拒绝开会的理由，打开合伙人的心结，合伙人自然会积极参加股东会。

如果是合伙人单方面要赖，甚至有意阻碍企业发展，那么毫无疑问，这个合伙人在心里已把自己与企业分开了。这时，就应该毫不犹豫地拿起法律武器，走诉讼维权这一步。

《公司法司法解释二》第一条规定：单独或者合计持有公司全部股东表决权 10% 以上的股东，以下列事由之一提起解散公司诉讼，并符合《公司法》第一百八十二条规定的，人民法院应予受理。

①公司持续两年以上无法召开股东会或者股东大会，公司经营管理发生严重困难的。

②股东表决时无法达到法定或者公司章程规定的比例，持续两年以上不能做出有效的股东会或者股东大会决议，公司经营管理发生严重困难的。

③公司董事长期冲突，且无法通过股东会或者股东大会解决，公司经营管理发生严重困难的。

④公司经营管理发生其他严重困难，公司继续存续会使股东利益受到重大损失的情形。

股东以知情权、利润分配请求权等权益受到损害，或者以公司亏损、财产不足以偿还全部债务，以及公司被吊销企业法人营业执照未进行清算等为由，提起解散公司诉讼的，人民法院不予受理。

股东会本质上是股东的权利，权利可以不使用，股东缺席可以视为弃权。但弃权不等于投票，没有实际意义，如果因股东故意缺席股东会而导致未满 2/3 的股东通过某一决策，或者因个别股东的缺席而导致大部分股东的权益受到侵害，是可以提出诉讼的。

小赵在听取我的建议后，在一个合适的时机，跟小王推心置腹地谈起这个问题，在聊天中小赵得知，原来小王觉得自己的经营理念在公司得不到重视，有意出来单干，已无心在这个公司做事。两个人敞开心扉，痛痛快快地聊了许久，最后，小赵、小王和小马三人达成共识，小赵与小马回购了小王的股份。小王也实现了自己的愿望，最终事情以皆大欢喜收场。

第39问 给予技术合伙人的股权和期权的区别在哪里?

我曾在新浪的新媒体峰会上碰到一个年轻人,戴着厚厚的眼镜,木讷少言,但在嘉宾谈到技术问题时,这个年轻人两眼流露出狂热的光芒,一看就是个做IT开发的工程师。会后闲聊时,我得知他几年前参与了一个朋友公司的项目,朋友许诺给他期权。现在项目做得很成功,但这个年轻人还是拿着期权,过着很拮据的生活。我问他,你知道期权和股权的区别吗?他摇摇头,我忍不住给他上了一课。

互联网技术的发展一日千里,让IT工程师们炙手可热,企业都争相寻找资深的技术人才入伙开展项目。为了留住这样的人才,企业会给予这些技术合伙人股权或期权。那么,股权和期权的区别在哪里呢?

简单来说,股权就是你在公司占有的股份,到约定时间就能把这笔股份的分红拿到手。而期权是一种约定,当你符合条件后,就能兑现成股权。如果用"吃货"的话来说,股权就是现在就能吃到的蛋糕;而期权只是面粉,没法吃,你只能努力达到要求,才能有机会把面粉做成蛋糕。再用婚姻打个比方,股权就是已经结婚,拿到了结婚证;而期权就像订婚,对方只给了你一个订婚戒指而已。

股权可以直接兑现,能让个人利益跟公司利益直接挂钩。这对于合伙人或员工都是最大的奖励。我们都知道,一家成功企业的股权是非常有价值的。

期权并非没有价值,它也是一种很好的激励方法,可以给员工一个美好的愿景,促使员工为企业贡献力量。阿里巴巴对员工的基本奖励方法之一就是股票期权。例如,给员工买入五年期权,每年买20%,这让员工觉得期权还在后面等着他,他就会死心塌地地待在企业里做事。就像给一头大象面前挂5串香蕉,让它走一段路吃一根,这样大象走得很开心,大象主人也省心。

期权是未来的股权,是需要经过考验和行权后的股权。期权也许价值连城,也许一文不值,这都取决于企业的发展。也就是说,这家企业未来有价值,期权就有价值;如果企业前景不容乐观,那么期权也就没有价值。说到底,期权就像一张"空头支票",这张支票的值钱程度,就要看企业前景和个人本事了。

对于技术合伙人,尤其是参与企业创立的技术合伙人来说,股权是他们的"标配",也是企业的筹码,可以让技术合伙人的归属感、参与感成倍提升。期权更适用于企业创立之后加入的非核心技术合伙人,这类技术合伙人的数量大于合伙人数量,他们对于企业的忠诚度不如创始合伙人高,因此,必要的激励手段是提升他们归属感和参与感的一大法宝。在他们身上,股权与期权都可以用于激励,不同之处在于,两者的激励效果不同。股权即时生效,成果显著。但股权存在进入与退出的问题,企业可以收回股权,持股人亦可以退出股权。期权未来生效,成果缓慢但细水长流,可以在一定程度上提升技术合伙人的忠诚度。

总之,股权是今天的兑现,期权是明天的承诺。作为企业,要谨慎使用股权和期权。而作为个人,也应该明白股权和期权的区别,懂得两者的不同权利。就像案例中提到的小伙子,因为不懂期权的行使权,就这样一直守着一个"空头支票"没法兑现,岂不可惜?

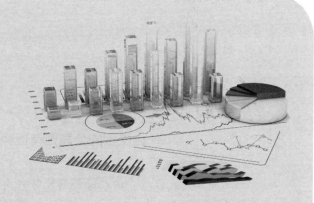

第 4 章

注册公司股权：注册公司不是过家家，"有钱任性"只有死路一条

如果把公司比作一条船，那么注册公司就是在船坞造船。船体并非越大越好，只有掌舵者的能力与之相匹配时，才能更好地驾驭，切不可"有钱任性"。正如选择人生伴侣一样，漂亮不能当饭吃，在柴米油盐的生活中，只有适合自己的才是首选。

第40问 注册公司不能任性，什么类型的公司更有优势？

两年前，我过年回家时碰到儿时好友阿长。多年未见，我俩家长里短地聊了许久。阿长告诉我，他之前一直在老家的一家咖啡厅打工，经常听客人谈论创业的话题，心有所动。但苦于没有创业经验，不敢出来自立门户。

我一再鼓励他走出第一步，阿长红着脸支支吾吾地跟我说："其实我打工这么多年，手里也有些积蓄，就是不懂怎么注册公司，也不知道应该注册什么类型的公司。"

一听他的话，我乐了，笑着对他说："你算是问对人了，我近十年来一直从事股权激励方面的咨询培训工作，注册公司这方面的事情我确实了解得比较多。"在我详细解说之后，阿长终于放下了心中的包袱，迈出了自主创业的第一步。

很多人都想自己创业，但是对如何注册公司一窍不通，就像我的儿时好友阿长一样，一说到注册公司的相关事宜就发怵。其实注册公司并没有想象中那么复杂，但也不能"有钱任性"、肆意妄为。首先得明白自己和未来公司的定位，确定你的能力承受范围。这有点像选择另一半——漂亮不能当饭吃，在柴米油盐的生活中，只有适合自己的才是首选。

公司总体可以分为内资企业与外资企业两种形式。其中，内资企业包括股份有限公司、有限责任公司、个人独资企业、合伙企业和非公司企业法人；外资企业包括外商独资企业、合营企业和中外合作企业。

下面详细介绍常见的几类公司。

1. 个人独资企业

个人独资企业是个人出资经营的形式，所有权和控制权归个人，全部经营收益及风险也由个人承担。个人独资企业的权利高度集中，无论是经营权、控制权还是企业资产所有权都集中在个人手中。

个人独资企业的不足之处在于，个人的资金通常较为有限，企业做大比较困难，老板和员工是雇佣关系，难以长期有效地激发员工的积极性，不利于企业长远发展。此外，个人独资企业和个体工商户一样，需要承担无限责任。酒店、影楼、娱乐中心等一般都会选择注册个人独资企业。

2. 合伙企业

合伙企业是由几个合伙人订立合伙协议，并共同出资、经营，共享收益及共担风险的行为，它是一种营利性组织，并对企业债务承担无限连带责任。合伙企业分为普通合伙企业和有限合伙企业两种。合伙企业的优点在于形式简单、集资快、拥有强大的凝聚力，可以说是最好的创业形式之一。当然，合伙企业的形式也存在一些弊端，如财产划分不明确、大多数合伙人都是口头协议，容易出现"谈钱伤感情，谈感情伤钱"的尴尬场面。

3. 有限责任公司

有限责任公司（以下简称有限公司）是指在中国境内设立的，企业法人以全部资产为企业承担有关经济赔偿及偿还债务的责任，并且股东以认缴出资金额承担责任的一种经济组织。有限责任公司的股东人数最多不超过50人，优点是结构和程序简单，公示要求并不像其他公司那样严格，可以选择不公示财务状况。有限责任公司的管理相对简单，仅设立董事会或设执行董事即可。股东之间如果出现问题比较容易协调，很少出现高管之间的大混战。

由于申请相对便利，后期管理简单，有限责任公司也是现在创业者选择较多的一种注册类型。它的不足之处在于，股东可能会利用公司形式不当来逃避责任，财务上容易损害债权人的利益，且资金流动性较差，股份资金转让的自由度较低。

4. 股份有限公司

股份有限公司（以下简称股份公司）是指以公司资本为股份，且公司法人必须是公司股东并以股份对公司承担责任。股份有限公司的结构和有限责任公司差不多，最大的区别在于同股同权，股东拥有多少股份就能拥有多少权利。如果某位股东想在公司拥有更多的话语权，那么非常简单，购买更多的股份就可以了。

股份有限公司的不足之处十分明显，就是必须设有股东会、董事会和监事会，在创办初期需要投入更多的成本和精力，这让许多创业者退避三舍。

第41问 公司的注册流程是什么？要交哪些税？

在对各种性质的公司有所了解并做出选择后，就可以按流程去注册公司了。一般来说，每个工商局都会将详细的公司注册流程小册子放在前台，供创业者阅读了解。在这里，我简单介绍一下注册流程。

1. 公司名称核准

中国大大小小的企业不计其数，公司很容易重名。因此在注册时应事先多准备几个名称，有备无患。名称核准可以在工商局服务大厅办理，也可以在网上按要求注册申请办理。如果审核通过，便可领到《企业名称预先核准通知书》。这个过程一般在三个工作日之内完成。

2. 办理相关许可证

一般企业没有这个步骤，可以直接跳到第三步。但是如果企业有涉及环保、消防等方面的业务，创业者就需要携带《企业名称预先核准通知书》和其他相关材料，到相关许可部门办理许可证。根据许可种类的不同，办理时间也不尽相同。

3. 办理公司临时账户

如果企业是资本注册认缴制,那么可以省略此步骤。如果公司是实缴制或从事特殊行业,则需要验资。创业者需要带齐法人及各股东身份证原件、《企业名称预先核准通知书》等相关资料去各大银行以公司名义开一个临时账户,各股东可以将股本转入其中。

4. 办理工商营业执照(五证合一:工商营业执照、组织机构代码证、税务登记证、社会保险登记证、统计登记证)

在这个环节,创业者需要将《企业名称预先核准通知书》、行业许可证、场地租赁合同,以及所有股东资料、法人材料、申请书、公司章程等一并递交给工商局。一般在7个工作日内,创业者即可领取五证合一的工商营业执照。

5. 公司刻章

拿到营业执照后,创业者需要携带营业执照副本、法人身份证和申请书到行政大厅公安窗口办理刻章登记备案。审核通过后,工商局会开具《刻章许可证》,创业者就可以刻章了。需要刻的章包括公章、财务章、法人章、发票章和合同章,这个过程大概在3个工作日内完成。

6. 银行开户

最后,创业者还需带齐营业执照正副本(五证合一)和全部办理完毕的证件,以及股东、法人代表的身份证原件和公章、法人章、财务章、发票章等到开户行上报,获取《开户许可证》并办理基本户。这个过程一般需要5个工作日。

至此,前后历经一个月左右的时间,公司的注册手续便可全部完成。注册公司是万里长征的第一步,虽然有些烦琐,但只要按要求准备材料,其实并不难办,这也是对创业者耐心的一种考验。

公司成立后,税收的问题也随之而来。交哪些税?交多少?这些税收问题涉及比较复杂的专业知识。一般来说,企业会将这块内容交由财务、会计等专人来负责。作为创业者，了解一些税收知识，熟悉税收优惠政策，做到合理节税、避税，有助于保护企业利益，还能为企业节省开支。

那么，企业到底需要交哪些税？各种税需要交多少呢？为了便于记忆查阅，下面用图4-1所示的结构来展示。

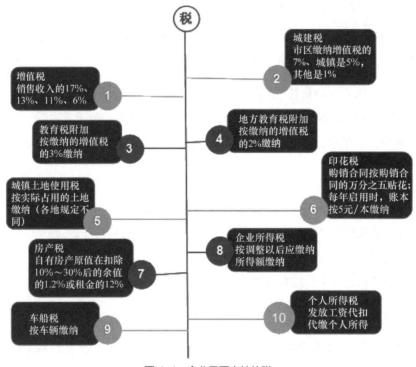

图4-1　企业需要交纳的税

第42问　10万元、50万元能注册什么样的公司？它们之间又有何区别？

有一次出差，我坐出租车赶飞机，碰上了一位健谈的出租车司机。在交谈中我了解到，司机的儿子大学刚毕业，专业不太好，工作找得不顺利，于是打算和一位朋友创业。为了支持孩子的创业梦想，司机夫妻俩便拿出多年积攒的 50 万元作为儿子创业的启动资金。

人都说"手中有粮，心中不慌"，可他儿子却因此犯了愁。注册一家什么样的公司好呢？是一次性将 50 万元都用于注册公司，还是先用 10 万元做本金，剩下的 40 万元先还给父母以备不时之需？不同的注册资本对注册公司有影响吗？

说到这里，司机显得十分惆怅，他说自己也就能帮儿子出点钱，其他事情完全帮不上忙。听了他的心事，我忍不住又犯了职业病，趁着堵车的时间给他简单普及了些相关知识。到机场后，司机说自己从没觉得堵车时间过得这么快，并坚持免去了我的打车费。

正所谓"赠人玫瑰，手有余香"，出租车司机儿子遇到的问题，相信很多创业者也都遇到过。在这里我给大家做一个详细的解答。

在注册资本改为认缴制后，一般企业在注册时不再需要提交验资报告。10 万元或 50 万元都能注册有限责任公司、股份有限公司、个人独资企业等不同性质的公司，但一些特殊行业还是对注册资金有额度上的要求。例如，基金管理公司的最低注册资本为 1 亿元（且为实收资本），出版企业的最低注册资本为 30 万元，零售贸易类最低注册资本为 30 万元，加工生产型工贸公司最低注册资本为 50 万元。

那么，注册资本 10 万元和 50 万元的公司有什么区别呢？主要有以下三点。

1. 公司实力背书不同

注册资本高意味着抗风险能力强，容易取得融资及商业伙伴的信任。例如，A 公司注册资本为 10 万元，B 公司注册资本为 50 万元，两家公司一起参加竞标，在外在条件旗鼓相当的情况下，B 公司中标的可能性就会更高一些。因为客户会通过比对公司的注册资金，来判断企业做大项目的实力。另外，在有些项目的竞标上也会要求公司注册资金不得低于一定数额，等等。

2. 公司承担责任不同

无论是 10 万元还是 50 万元的注册资金都有相应的责任，例如，当公司背有债务，宣布破产的时候，注册资本的多少和偿还债务的多少就有关系了，一个公司偿还债务的金额应小于等于该公司最初注册资本的金额。例如，我的公司注册资本是 50 万元，我欠了别人 40 万元的债务，当我的公司宣布破产时，我需要偿还 40 万元债务。但是如果我的公司注册资本为 10 万元，我有 40 万元债务，当公司宣布破产时，我就只需偿还 10 万元债务。所以说，在和一家公司做生意时，对方的注册资金十分重要。

3. 公司担保作用不同

在公司不断发展的过程中，免不了要向银行贷款。在向银行申请贷款时，企业的注册资金也是银行评定的标准之一。此时，10 万元注册资金的企业，可能没有 50 万元注册资金的企业申请贷款的成功率高。

总之，鱼和熊掌不可兼得，利益与风险总是结伴而行。公司注册资本选择 10 万元还是 50 万元，还是要看创业者所从事的行业及公司的发展规划。如果公司规模大，发展有潜力，那么可以选择 50 万元注册资金；如果公司规模较小，实力有限，而且所在的行业对注册资金要求不严格，那么，可以选择注册资金为 10 万元。

第43问　小微企业在注册初期如何省钱？

记得在青岛的一次培训课上，有位学员问我："海洋老师，我们公司是小微企业，创业资金有限，注册初期该怎么省钱呢？"在多年的培训生涯中，我的学员遍布全国，绝大多数属于中小企业。这位学员的问题在我看来具有较大的代表意义，这里有必要详细讲解一下。

资金短缺是小微企业的普遍现象，省钱可是个大事，如何才能在注册初期尽量省钱呢？我有以下 3 个建议。

1. 充分利用认缴制的优势

在前文中我已经说过，现在企业注册实行的是认缴制。因此，如果一家小微企业前期资金不够，那么在注册初期股东就可以少出资，理论上公司全体股东甚至可以申办"一元钱公司"。这在某种程度上大大节省了创业者的前期资金投入。

如果某家小微公司注册资本认缴为 10 万元，那么只要几个股东相约在注册认缴上填写 10 万元注册资金，并将缴纳期限约定在运营期限内缴纳，那么这 10 万元就可以先用在公司正常业务开支上，而不会被限制在银行里等待验资。

2. 公司内部实行股权激励制度

在小微企业的开支中，员工每月的工资支出可是一笔不小的数目。工资少了人家不愿意干，工资多了公司又承担不起。

> 马云在创业之初也曾面临经济拮据的窘境，给员工的月薪只能开到 500 元，很多人都因为工资太少离职了。这时，马云对手下的员工说："兄弟们，跟我干吧，我能让你们 10 年之后拥有 10 亿元身价。"很多人都抱怀疑的态度，而有些人觉得可以相信。在这之后，阿里巴巴于 1999 年、2004 年、2005 年及 2007 年都做了股权计划来激励员工，每次阿里巴巴的员工根据贡献的不同，都能获得一份或多份受限制股份单位奖励。马云就是用这种方式留住了这些人，而且降低了人力成本的现金支出。如今阿里巴巴已经成为全球知名的成功企业，并成为国人的骄傲。

股权激励是公司节省开支、留住人才的好办法。阿里巴巴在初期就是一个小微公司，公司后来的发展壮大与马云在创业之初就实行的股权激励制度不无关系。唯有如此，"十八罗汉"等一批精英才愿意死心塌地跟着他，直至后来创造了全球闻名的阿里巴巴王国。

3. 对外寻求商业合作

商场中，懂得与他人合作是一条省钱省力的捷径。尤其对于小微企业来说，在初创期选择与没有竞争关系的商家合作，是节约成本的最好办法。小微企业资金有限，如果自己单打独斗开发市场，成本必定很高，此时如果能找到一个合作伙伴一起拓展，则是一件双赢的事情。不仅如此，商业合作还可以让对方的客户群体为我所用，从而提高企业品牌的知名度和影响力。

再者，可以寻找外包或兼职。例如，在财务方面，可以跟外部的财税代理公司合作，把公司做账和报税的工作外包出去，这样就能省下聘请财务人员的费用；在市场拓展方面，可以把派发广告单等一些底层工作交给劳务公司，由他们找兼职人员派发广告宣传单，这样企业就能省下聘请基层销售人员的支出。

资本是企业的血液，只有血液循环流畅，企业才能健康运作。如何为公司开源节流，这是创业者不断探索的问题，也是一个不断学习的过程。

第44问　如何促进企业上下游的深度合作？

企业自身的资源总是有限的，只有加强上下游之间的合作，才能让企业长久地发展下去。那么，如何促进企业上下游之间的深度合作呢？答案是股权激励。

百丽是中国鞋业的知名品牌，在中国有近万家专卖店。百丽就是将企业上下游股权激励运用得炉火纯青的典型案例。

百丽的几位创始人起初只是设计鞋子找工厂生产，后来发现销量不错，就开了一家旗舰店。旗舰店的成功给了创始人极大的信心，他们决心将企业做成上市公司。百丽首先在全国各地整合销售渠道，给销售商承诺，只要销售百丽产品，就可以成为百丽的分公司，一旦百丽成功上市，销售商可以跟百丽合并报表，占有一定股份。很快，百丽对下游销售渠道整合完毕。在寻找上游的供应商时，百丽也采用类似的激励法，把上游的供应商捆绑在了一起。

原本不具备上下游资源的百丽，用股权激励的方式让三方成为利益共同体，此后销售业绩一路高升，成为中国服装鞋帽品牌的闪亮明星。

从百丽的案例中可以看到，对企业上下游进行股权激励，是促进企业飞速发展的一个捷径。那么企业上下游的股权激励应该怎么做呢？具体有以下七个步骤。

第一步：必须坦诚告知激励对象，激励他们的雄心壮志。

第二步：必须讲明企业发展的趋势和背景。

第三步：必须让激励对象明确公司的盈利模式。

第四步：必须让激励对象明确公司具体的发展规划。

第五步：必须让激励对象了解投入的回报和风险。

第六步：必须让激励对象明确进入的条件。

第七步：必须让激励对象明确退出的机制。

这七个步骤看起来简单，但是要想执行到位，却非一朝一夕之事。下面以华一世纪为例，来阐释这七个步骤。

1. 让下游的产品消费者成为股东

华一曾提出一个理念,就是公司正式成立之后,每年的利润必须超过营业额,于是华一制订了华一世纪客户一体化战略。华一愿意与一群有志向的人紧密团结,搭建一个支持企业成长的平台,帮助他们创造财富,置业报国。

2. 明确目标和市场定位

华一世纪的成员都有一个梦想,就是希望在有生之年能够成立四大商学院和"百千万工程"。百千万工程就是通过商学院的组建,为中国的10万家企业导入股权激励课程,深化股权激励概念;在这10万家企业当中,找出1万家企业,为其导入咨询服务,使其成为有社会责任感的公司;在这1万家企业当中,华一会投资1千家企业;在这1千家企业中,华一支持100家企业成为未来的上市公司。华一要求投资的每一家企业,都能为社会做一点公益慈善,如为社会捐助一所希望小学等。

百家上市公司,千所希望小学,万家合作单位,这就是华一的梦想。华一的市场定位是为非上市的民营企业做培训服务,为成长型企业做咨询服务。而投资则是针对有上市潜质的中小型企业。

3. 确定盈利模式

华一的基本盈利点:培训服务和咨询服务。

华一的主要盈利点:挖掘有潜力的企业,通过为其提供包括战略规划、财务管控、企业文化设计和绩效管控体系的导入在内的全方位解决方案,占股3%,并全力协助企业上市。华一争取每年服务10家这样的企业。这些企业一旦上市,华一的利润就要超过营业额。华一公司能否上市无所谓,只要华一服务的企业能上市,华一的目的就达到了。成就别人就是在成就自己。

4. 制订未来发展计划

华一世纪有一个产业布局,即成立投资公司、培训咨询公司和文化传媒公司。每一个板块都有业务定位,会在商业地产、能源环保、金融服务等各个领域展开。

5. 实施客户一体化战略

华一客户分为课程客户、咨询客户、战略客户、投资客户。简单地说，也可以分为三类：客户、会员和股东。客户是学习联盟，包括课程客户和咨询客户；会员就是资源联盟，缴费10万元就能成为海洋财富联盟的终身会员；股东则是事业联盟和财富联盟，包括战略客户和投资客户。

股东享有三种权益：股东权益、增值服务和资源优享。华一会把最近几年每年利润的70%~80%拿出来分配给股东，实现高分红。每年华一都会为股东企业量身定制企业发展规划。

但是，客户在成为华一股东后，加大了企业管理难度，存在较高的退出壁垒，这样在行业低迷时会给企业带来一定风险。

6. 吸引并招募华一股东

要做华一的股东有三个要求：第一个要求是必须成为华一"天机"课程学员，一起周游世界；第二个要求是华一股份必须花钱购买，10万元起步，上限是400万元；第三个要求是必须具有奉献精神，要把多年的成功经验与其他股东分享，与全世界的企业家分享。

7. 明确退出机制

如有以下情况，股东必须退出：违背华一公司的章程；在竞争企业中兼职或就职；自行开一个与华一竞争的公司；引诱华一核心高管离开公司；引诱大客户脱离华一；等等。

企业上下游股权激励的七个步骤也称为"七子连珠"，是企业对外整合资源的较好方式。无论企业自身能力如何，只有联合上下游、着眼未来、利益共享、风险共担，才能真正将企业做得长久。

第 45 问 公司准备扩张，是设立分公司好还是设立子公司好？

有不少学员曾向我咨询，公司准备扩张，是设立分公司好还是设立子公司好？要回答这个问题，首先需要明白分公司和子公司的区别。

1. 分公司

《中华人民共和国公司登记管理条例》第三十九条规定：分公司是指公司在其住所地外设立的从事经营活动的机构。分公司不具有法人资格。

也就是说，分公司是公司的分支机构，具有营业资格，不具有法人资格。分公司的优势有以下几个。

①便于管理和经营，财务制度相对简单。

②经营成本相对子公司较低。

③利润由总公司合并纳税，通常不必缴纳预提税。

④分公司亏损可以抵充总公司利润，减轻总公司税收负担。

⑤与总公司之间的资本转移不需要负担税收。

2. 子公司

子公司是指由母公司投入全部或部分股份的法人企业。子公司具有法人资格，与母公司的关系是股份控制的经济关系。

子公司的主要优势有以下几个。

①具有独立法人资格，对债务承担经营风险，避免债务危及母公司。

②只向母公司汇报企业的生产经营成果。

③独立计征各项税，并享受税收优惠待遇。

④在国外投资时，可通过各国税制和税率的不同合理避税，经营所得利润可以留在子公司，也可选择在税负较轻的时候汇回。利润汇回比较灵活。

那么，总公司到底是设立分公司还是子公司，要取决于经营统筹、税务统筹和法律风险屏蔽等方面的权衡。

1. 经营统筹

分公司要优于子公司。分公司的管理可以一竿子插到底，而子公司拥有独立的法人和董事会，因此管控力度不如分公司。

2. 税务统筹

分公司优于子公司。例如，有两家分公司，一家在上海，一家在北京。2017年上海分公司亏损1 000万元，北京分公司盈利1 000万元。他们对于公司总部来说相当于没有盈利也没有亏损，公司也不需要缴税。如果这两家是子公司，那么上海亏损不需要缴税，北京盈利的1 000万元需要缴税。

3. 法律风险屏蔽

子公司优于分公司。子公司有独立的法人和董事会，可以有注册股股东。子公司出了问题，本身就能承担责任，公司总部不会受到牵连。而分公司则不同，没有独立法人，无法独立承担责任，因此任何一家分公司出了问题，一把火立刻就烧到了公司总部。

综上所述，两种形式的公司没有绝对优劣之分，唯有结合公司实际情况进行权衡，选择适合自己的公司形式才是上策。

第46问　创业公司一般不是股份公司，如何给期权？

2016年年初，老张在深圳开了一家游戏公司，主要做手游的开发与推广。创业之初的业务量不饱和，薪资水平相较于其他企业没有什么优势，甚至还有些差距。为了让公司能吸引并留住更多的人才，老张计划给公司的核心主管做一次股权激励，发一些期权给他们。问题由此而生，老张的创业公司不是股份公司，这期权应该怎么给？有些对此不太理解的员工甚至产生抱怨：不是股份公司还谈什么期权，根本就是空头支票，不知是谁想出来的馊主意。

老张和我谈及此事时一脸无奈，但我却听得十分认真，并决定抽出时间为老张和他的员工好好讲上一课，让老张公司的员工真正了解给他们发放期权的意义所在，并在课堂上为老张公司起草一整套发放期权的完善方案。

讲完课没多久，老张便按照我的方案，成功地在公司内部进行了一次期权激励。效果十分明显，按照2017年年底他跟我通电话时的说法，公司净利润比2016年翻了两倍有余。

股权激励是时下大热，期权又是股权激励中常用的一种激励方式，很多大公司都在使用。所谓期权，就是到期行权，是股份公司给予激励对象在一定期限内以事先约定的价格购买公司普通股的权利。简而言之，就是公司员工通过获得股权而得到分红的一种激励员工的手段，并规定公司上市或员工离职后该如何分配。如果公司上市，员工可以享受股权分红；如果员工离职，此股份期权作废或是员工可以按价格购买。

由于初创期间精力有限，中国的大多数创业公司都不是股份公司，这是否意味着期权激励就与创业公司无关呢？错。创业公司更需要期权激励，但是请创业者注意：给员工期权绝不是空头支票，而是在给予员工现在的同时，为员工规划一个更好的未来。

作为股权激励中常用的一种方式，正确地发放期权能够起到十分显著的激励效果。虽然很多创业公司并不是股份公司，但并不影响期权的发放。以下两种方案简单直接，适合处于创业期的大多数公司。

1. 期权奖励

非股份公司要想发放期权，可以由创始人之间经过协商，以公司现有价值或净资产作为参考，将一部分合理的价值分成若干等份，并制订相应的发放条件和奖励制度。员工一旦达成条件，即可获得相应的奖励。在员工创造出比预期更多的价值时，相对的奖励也可以增加。

2. 虚拟股票期权

虚拟股票期权不是真正意义上的股票认购权，它是指延迟支付员工的奖金，并将奖金转换成公司的普通股。虚拟股享有分红、转赠等权利，规定时间内不能流通，并分期兑现。这种奖励模式是一种创新设计，它是企业内部结算的方式。虚拟股票期权的资金来源不同于期权奖励模式，它来源于企业积存的奖励基金。

虚拟股票期权能够让员工真切地体会到什么是"多劳多得"。公司将原本固定金额的奖金转变成相应的虚拟股权，员工可以从中分到企业的利润，所在企业净利润越高，员工获得的金额就越高。这样一来，员工从"为老板赚钱"变成了"为自己赚钱"，企业利润将直接关系到员工的奖金，员工自然会更努力地为企业创造利润。

正所谓"天下熙熙皆为利来，天下攘攘皆为利往"，想要忠诚的员工，首先要抓住他们的钱包，让他们舍不得离开你和你的企业，这样才有机会抓住他们的心。

第47问　企业为了留住人才而给注册股合适吗？

学员王总于2015年创办了一家益智玩具生产企业，企业经过两三年的发展，逐渐步入正轨。为了留住人才，让企业保持快速发展，王总准备对两位立下汗马功劳的老员工进行注册股权激励。但是另一方面，王总又担心万一给他们股权后，他们没有动力了，或者带着股权走人了，又该怎么办？

王总的担忧不无道理，注册股权是一个企业珍贵、稀缺的资源，必须要给到真正愿意跟着企业长期发展的、能力出众的核心高管，这样才是把股权用到了刀刃上。那么哪些人适合注册股权激励？怎样才能保证拿到注册股的员工死心塌地地为企业效力呢？根据我多年的从业经验，对于有这样的人才需求的企业，我建议用"135"渐进式激励法比较合适。

什么是"135"渐进式激励法呢？"1"代表1年在职考核，"3"代表连续3年考核（包括之前的1年），"5"代表5年锁定。所以，"135"渐进式激励法的整个期限是8年，而不是9年，这也是国际上通用的股权激励的标准周期。一个职业经理人变成企业的一名真正合法股东、注册股东，通常需要8年时间。

下面详细讲解"135"渐进式激励方案。

1. 1年在职分红

人才虽然难得，但是如果人品有问题，或者对企业不忠心，那么也不适合成为"135"渐进式激励的考核对象。所以，在选择考核对象上，最好选择跟着企业很多年的、彼此非常了解、人品过关、价值观和企业文化接近，且能力出众的核心高管。企业可以按照岗位价值评估，先预设一个额度，通过1年评估期，最后将拿到的股份转化为比例，作为占股的参考依据。

2. 3年滚动考核

如果公司要进行股权激励，那么可以提前设定3年的目标增幅，不宜年年更改，如果中间有不可抗拒的外来因素，可略作修改。那么，如何确定注册的比例呢？假设公司共有100万股，第一年给激励对象设定的激励股数是10万股，他顺利拿到；第二年设定8万股，也顺利拿到；第三年设定股数是7万股，也顺利拿到。这样三年累计拿到的股份是25万股，再除以3，得出平均值是 8.3 万股。8.3 万股占公司 125 万股的 6.6%，这 6.6% 就是他在工商局注册的股份比例。

3. 5 年锁定

进入 5 年锁定期后，企业老板需要考虑以下几个问题。

①预付定金的额度及性质如何？

激励对象购买股份的定金额度，一般占全额的 5%~10%，而且定金不可退还。

②在什么情况下，公司可以终止对激励对象的激励？

a. 激励对象不能胜任工作岗位，或者出现违背职业道德、失职、渎职、严重损害公司利益等行为。

b. 激励对象泄露公司机密，与外部人员进行不正当交易。

c. 激励对象私自开展与公司相同或相近的业务。

d. 激励对象自行离职或因个人原因被公司辞退。

e. 激励对象伤残、丧失行为能力、死亡等。

f. 激励对象违反公司的管理规章制度，又被刑事处罚。

g. 锁定期内公司发生重大变化，如公司重组、兼并、转让、被收购等。

h. 公司重组或被兼并后，掌门人易人，旧的激励机制被取代。

③已付全款购买公司股份的激励对象，如果中途退出，所付款项如何处理？

我们从以下几个方面分析。

a. 如果是锁定 5 年，在锁定期之内不足 3 年就离开，那么可以分为以下三种情况。

情况一：如果离开时公司处于盈利状态，那么公司可以原价回购股份，退还本金。

情况二：如果离开时公司处于亏损状态，这时要求激励对象按照股份比例弥补公司亏损后才能离开。弥补资金的上线为出资额。例如，当初花 50 万元购买 10% 的股份，现在公司亏损 1 000 万元，那么最大资金弥补上线为 50 万元。

情况三：如果公司提前上市，那么锁定的股份就要提前解锁并加快给员工注册。

b. 如果在锁定期 5 年内，超过 3 年但不足 5 年时离开，那么可以分为以下四种情况。

情况一：公司有风投进入，此时公司一般以溢价的方式回购股份。

情况二：公司盈利，但没有风投进入，就按原价回购股份。

情况三：公司亏损，那就按比例弥补亏损。

情况四：公司不到 5 年就上市，那就提前解锁并加快注册。

c. 如果锁定期为 5 年，在到期之后离开，那么可以分为以下两种情况。

情况一：直接为员工办理注册，到工商局注册股份即可。

情况二：5 年到期，员工因为自身原因不愿注册，那么公司可以用净资产每股收益价回购，或者双方协商一个合理的价格由公司进行回购。

第 48 问　按照实缴制注册公司，年底合伙人出资未完全到位，此时应如何分红？

创业就像上战场，战友是否同心协力，只有到了战场上才能见分晓。我曾碰到几个比较有代表性的相关案例，在这里分享给大家做参考。

> 小敏毕业于中央美术学院,擅长服装设计。工作一年后小敏打算创业,于是在年初和小叶一起创立了一家服装设计、生产与销售公司。公司注册资金100万元,小敏负责设计和销售,占股60%;小叶负责服装生产,占股40%。前期公司要租办公室、装修、找第三方厂家合作等,预期前期投入30万元。按照约定,小敏投资18万元,小叶投资12万元,总共分3年投资到位。但因小叶家境较为困难,且小叶在不久后降低了对公司的预期值,觉得创业成功的机会不大,除了第一年投入了4万元外,第二年、第三年的资金他想在公司盈利后再继续投入。
>
> 事实上,在两个人的努力下,公司在第二年年底便实现了盈利,扣除场地成本和员工工资后,还有40万元的结余,可以直接分红。这时,小敏犯愁了:他实际已投资了12万元,而小叶只投资了4万元,他们还应该按约定的股份比例进行分红吗?如果这样分红,是不是对自己太不公平了?

在按照实缴制注册的创业公司中,合伙人可能会因为种种原因,导致约定的投资金额没有完全到位,此时,按照什么比例分红比较合适呢?

这个问题看起来很复杂,事实上有标准的解决方案。《公司法》第三十四条规定:股东按照实缴的出资比例分配红利;公司新增资本时,股东有权按照实际出资比例认缴出资。但是,全体股东约定不按照出资比例分配红利或不按照出资比例有限认缴出资的除外。

这条法规说明,原则上合伙人应该按照实际到位的投资金额进行分红。也就是说,小敏和小叶的分红比例分别为:40×(12÷16)=30万元,40×(4÷16)=10万元。

但是法规一般是在双方闹得不愉快时用来遵循的标准,现实总是更复杂,如果在处理上多点人情味,结局也许更完美。在这个案例中,小叶虽然资金未完全到位，但是作为合伙人，他在实际中也付出了很多努力，也就是说，在人力和时间投入方面，小叶和小敏是一样的。如果纯粹按实际出资比例计算分红，势必会打击小叶的创业积极性。

所以，结合实际情况，为了两位合伙人能够继续高效率地合作，我们可以制订一个更加合理的解决方法：给小叶提高分红加权值。这个分红加权值数量可以根据小叶实际投入的时间、精力及成果来衡量。最后小敏和小叶两位合伙人商量了下，将分红加权值定为3万元。也就是说，小敏实际的分红是30-3=27万元，小叶的分红是10+3=13万元。当然，这样分红的前提是，小叶要追缴事先约定好但未及时到位的出资。

合伙创业就像手拉手过独木桥，一个合伙人倒下了，另外的合伙人势必会受到牵连。鉴于种种不确定的因素，在创业时，我们需要考虑周全，建立股权调整机制，以做到有备无患。

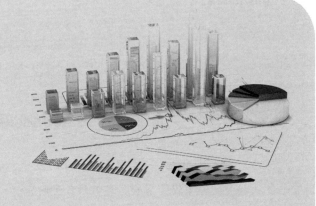

第 5 章

股权融资：筹钱，筹人，筹智慧，筹资源

股权对内称激励，对外称融资。股权融资，融到的不仅是资本，还有人脉、渠道、资源和智慧。资本为王，所有的创意都离不开资本的支持和孵化。企业家与投资人就像恋爱关系，如何将恋爱进行到底，不仅需要知己知彼，还需要懂点恋爱兵法。

第49问 企业融资,究竟该用股权融资还是债权融资?

> 罗总是我的一个老客户,年近五十,敏而好学,思想开放,善于接受新鲜事物,喜欢与我探讨各种问题。
>
> 罗总从事餐饮管理行业,一年前企业想继续扩张,打算进行融资。当时罗总有些犹豫,究竟该用股权融资还是债权融资?我帮他分析了公司状况,并建议他进行股权融资。后来罗总每次见到我时都会提起此事,感谢我对他的帮助。成就别人,就是成就自己,这也是工作给我的最大感触。

选择股权融资还是债权融资,这个问题可能很多需要融资的企业都会遇到。想解答这个问题,要先从股权融资和债权融资的概念及区别谈起。

股权融资是指公司以出让部分股权来吸引投资人进行投资,用股权换取企业发展所需资金的一种融资方式。股权融资得到的钱可以不用偿还,但公司日后的收益也要给投资人分红。股权融资反映所有权关系,在一定程度上削减了企业股东的权利。

债权融资是指公司以借钱的方式融资,因此要向债权人支付利息,公司赚到的收益不用给债权人分红,只需偿还本金和利息即可。债权融资是一种负债行为,反映的是债权与债务的关系。无论公司盈利与否,都必须支付固定的利息。债权融资不会削减企业创始人对企业的控制权。

那么企业用哪种融资方式更合适呢?让我们用以下几个例子加以说明。先来看一个创业成功的案例。

企业 A 因发展需要，计划进行股权融资。该公司用 20% 的股份融到投资机构的 100 万元。前三年公司分别盈利 50 万元、100 万元和 200 万元，第四年由于企业内斗，投资机构联合其他股东投票，以 2 000 万元卖掉了企业，创始人失去了公司，投资机构总共获得 470 万元，如表 5-1 所示。扣除之前投入的 100 万元，投资机构总共获得 370 万元。

表5-1　企业A股权融资情况

企业A股权融资	盈利（万元）	投资人分红（万元）
第一年	50	10
第二年	100	20
第三年	200	40
第四年	2 000	400
合计	2 350	470

假如企业 A 用债权融资，用 10% 的年息向投资公司借下 100 万，借用 3 年。前三年公司分别盈利 50 万、100 万和 200 万，第四年企业归还投资机构的 100 万元，投资机构得到的收入是 30 万元，创始人继续做企业，如表 5-2 所示。

表5-2　企业A债权融资示意

企业A债权融资	盈利（万元）	投资人利息（万元）
第一年	50	10
第二年	100	10
第三年	200	10
合计	350	30

再来看一个创业失败的案例。

创业公司 B 因发展需要，决定进行股权融资。该公司用 20% 的股份融到投资机构的 100 万元。第一年花掉了融来的 100 万元，又拿出 20% 的股份继续融资，还是融到 100 万元。第二年创业失败。投资机构亏损 200 万元，创业人以创业失败告终。

假如企业 B 用债权融资，用 10% 的年息向投资公司借下 100 万元，借用 3 年。第一年公司亏损 100 万元，没钱支付利息，创始人被投资公司告上法庭。

从企业 A 和企业 B 的不同结局，可以得出这样一个结论：企业如果能确定盈利超过贷款利息，就应该选择债权融资的方式，贷款越多赚得也越多。在其他情况下，最好选择股权融资，以减少创业风险。

每个创业者都有英雄情怀，初入商场时满腔热血，力求争得一席之地。然而创业很艰辛，现实很残酷，以赌为前提的融资都是"耍流氓"，一不小心就会落个凄惨下场。

第50问 融资时，如何设计股权才能保证控制权不丢失？

我的朋友大多曾是我的学员，因为投缘渐渐深交成朋友，从事游戏开发的周总就是其中一位。在上我的课程时，周总属于二次创业，此前已创业失败过一次。严格来说，那次创业并非失败，他开发的游戏产品在市场上很受欢迎，问题就出在企业融资上。

当时，周总在公司占股 80%，踌躇满志，一心想做大企业，而企业也如愿获得 300 万元的 A 轮融资，周总拿出 20% 的股份给投资人。300 万元在互联网行业里就如大海里的一滴水，转眼就会消失不见。周总又拿出 15% 的股份融到 200 万元。结果没过多久，由于周总和合伙人意见不和，投资人想收回成本，于是联合占股20%的周总的朋友将公司卖了800万元，最后分钱走人。

回想起第一次的创业经历，周总说自己那时年轻气盛，也不懂股权融资，才导致创业失败。这个教训很深刻，也值得所有创业的朋友引起警惕。

1. 尽量不要在公司遇到发展瓶颈时做股权融资

对于企业来说，最好的股权融资时机就是公司处于上升期时，而绝非公司陷入困境或遇到发展瓶颈之时。如果企业处于发展瓶颈期，此时与投资人谈融资，投资人会感到公司现在非常缺钱，在股权问题上容易狮子大开口。这就会使创业者在谈判中处于不利地位，也会导致公司付出很高的代价来获得融资。

2. 尽可能增加溢价倍数

企业创始人为了不丧失控制权，可以要求溢价融资。一般公司发展处于上升阶段的早期时，溢价可以达到2~3倍。例如，公司的股价为1元1股，为投资者增发的股价就可以为2元或3元1股，这样，同样是占10%的股份，投资者就需要出2~3倍的钱才可以投资。在企业快速发展阶段，可以以更高的溢价来进行股权融资，这样可以尽可能地降低创始人的融资成本。

3. 实行AB股机制

创业团队为了保证自己对企业的控制权，可以在进行股权融资时实行AB股机制。AB股机制就是将股份分为A、B两类，给外部投资人的为A类股，这类股实施投票权时可以1股抵1票；而公司创始人手里的股为B类股，B类股实施投票权时可以1股抵10票，这就在一定程度上保证了创始人的控制权，创始人仍可继续掌握公司的命运。当然，实行AB股制度的前提是要遵守法律法规，依据《公司法》的相关规定，有限责任公司可以同股不同权，而股份公司需要同股同权，因此在实行AB股机制时一定要注意公司的性质。

4. 在创业初期不要让投资人占大股

企业发展初期给天使投资人的股份不要过高，否则会使公司后续发展无力。如果投资人所占的股份过高，会在一定程度上稀释公司创始人的股份。公司在以后的发展中不仅要设立股权池，还会有好几轮融资，这样，企业创始人的股权就会不断被稀释，控制权自然会被影响，最后创始人就会有失去控制权的风险。因此在给投资人股份时，一定要把股份控制在 30% 以内。

一手打下的江山，最后只能拱手相让，相信这样的滋味并不好受。作为创业者，务必要明白在创业前期占股最好在 67% 以上，这样才能更好地掌握控制权，避免江山易主的悲剧发生。

第51问 如何设置合理的创始人股权回购条件？

> 夏总从事互联网技术外包行业，在 2017 年上半年与朋友小黎和小赵合伙成立了一家公司。三人分别占股 60%、20% 和 20%。在创业刚一个月时，小黎就离职去了一家大公司做高管。因为大家都是朋友关系，当时企业也处于创业初期，夏总就没有在意小黎的 20% 股份的问题。半年后，在夏总和小赵的努力下，公司发展得越来越好，并被投资机构看上。投资机构准备以高价并购公司。小黎听说后，突然回来要求按照他的持股比例和夏总一起分并购款。

小黎之所以要求分并购款，就是因为他手上还持有公司 20% 的股份。从这个案例中可以看出，企业只有设置合理的股权回购条件，并以契约为凭，关键时刻，才能成为保护企业利益的盾牌。那么企业该如果设置合理的创始人股权回购条件呢？可以从以下三个方面入手。

1. 设置创始人股权成熟机制

创始人股权成熟机制是指，针对创业合伙人在创业中途离开的情况，公司有权以极低的价格回购其手里的股权。这种创始人股权成熟机制可以很好地平衡留守创始人与离职创始人之间的利益。上述案例中，如果公司制订了成熟的创始人股权机制，那么在其中一个创始人离职时，其他创始人可以以极低的价格回购他手里的股权，就不会出现离职者回来要求分割利益的情况了。这一机制的设立也能很好地激发留守创始人的工作积极性，而且避免了留守创始人的利益遭到损害。

2. 创始人离职，股权是否继续持有应受成熟期限制

假如某位创始人占公司40%的股权，而其在公司工作了一年后提出离职，这时公司要以低价回购其手里的全部股权，显得有点不近人情，毕竟在创业初期的一年，这位创始人为公司的发展做出过巨大的贡献。为了不让其他创始人吃亏，又能让离开的创始人满意，公司可以设定一个合理的获得股权的期限，并规定创始人股权按此期限获得，这个限期可以是4年。创始人在工作满一年后可以一次性获得其最初股权的1/4，剩下的股权由公司低价回购。工作满一年后，可以每满一个季度或一年就获得成熟期股权，直到3年后其拥有自己的全部股权为止。如果创始人连一年都没有干满，没有达到最低服务期限，那么连最初的1/4股权都不能得到，离职时其所有股权只能由公司低价回购。

3. 企业可以灵活制订股权成熟机制

有的企业可能一年就能从估值100万元发展到估值几千万元，而有的企业可能发展好几年也达不到几千万元的估值，因此企业在制订股权成熟期时可以灵活一些。例如，创始人的股权成熟期可以根据其绩效成比例制订，当他给公司完成巨大项目或有重大贡献时，可以提前结束股权成熟期。而如果创始人在没有完成工作任务或没有完成规定的营业收入的情况下离职，那么公司可以回购其股权。这样灵活制订股权成熟机制不仅人性化，而且也很合理。

西汉戴圣在《礼记·曲礼》中说道，"进退有度，左右有局"。大意是行军作战，前进、后退都有其规律和要求。创业犹如行军，股权激励就像作战，进入有条件，退出有机制。唯有如此，才能使企业顺利发展，确保企业利益不受损害。

第52问 明股实债模式的融资原理是什么？如何保证资金安全？

在给企业家做培训时，我发现比较大型或即将上市的企业往往会对企业融资及资金的安全问题比较关心。在这里，我详细讲一下明股实债模式的融资原理和潜在的风险，以帮助企业家做好资金安全的防范措施。

"明股实债"这个词看起来生涩，实际上就是字面意思。投资者入股后享受相应权益，但在一定期限后，投资者的股权将被回购，这就是"明股实债"。这样的投资方式看起来更像是债权投资。

明股实债的出现，本质上反映了投资者、融资者等对于利益的诉求。它属于投资方式的创新，目前已被广泛应用，在房地产行业的运用尤其普遍。接下来我便以房地产企业为例详细讲解一下明股实债模式。

房地产非常考验企业的融资能力，尤其是在项目开发过程中，土地成本越来越高，资金需求更上一层楼。但高需求无法匹配高供给，国家政策又导致银行与信托机构贷款紧缩，中小型房地产企业很难获得融资。

如果你属于房地产企业，肯定希望有更容易的融资方式，于是，明股实债应运而生。对于融资方来说，明股实债不仅可以获得融资，还可以隐藏债务，优化合并报表，保持合理负债率。对于投资者来说，这种方式拓宽了投资渠道，使投资方在房地产行业更容易获得投资回报。

那么明股实债到底是怎样融资的呢？

由于投资方最后需要退出，因此明股实债一般包含三个阶段：确认投资阶段、投资入股阶段和退出阶段。主要投资方一般有银行理财、集合信托、保险资金等。退出方式有被投资方回购、第三方收购等。

明股实债的股权投资模式大致可分为股权投资模式、信托计划投资模式、私募股权基金投资模式，以及以上三种结合的模式。

1. 股权投资模式

股权投资是指投资者经由资管计划以股权投资的方式入股被投资公司。在入股期间，投资者享受作为股东的利润分红。在约定期限到期后，投资者所持股份可由被投资方回购。

在此模式下，资管计划由基金公司或证券公司制订，投资者通过公司制订好的资管计划实行股权投资。

2. 信托计划投资模式

信托计划投资是指依据信托公司所制订的信托计划，投资者可以向被投资者发放信托贷款股权投资、可转债、可购买特定资产收益权等，最后以还本付息、回购、项目分红等方式退出。

3. 私募股权基金投资模式

私募股权基金投资是指投资方以权益投资方式进行投资，基金享受优先级收益，被投资方享受劣后收益。其退出方式与前两种方式相同，为分红或回购退出。

以上三种模式各不相同，在实际运用中，经常有不同的条件限制，加之政府监管力度不断加大，因此，灵活嵌套各种模式是解决融资渠道的良策。

明股实债方法虽好，但也不是一本万利，首先资金的安全性就是一个大问题。接下来我要讲的就是明股实债的"阴暗面"。只有充分看清"阴暗面"，才能最大限度地保证企业资金的安全。

1. 法律风险

明股实债涉及股权投资与债权投资两种投资方式，虽然法律上对这两种投资方式有明确规定，但明股实债本身在法律上是模糊的，因此一旦出现问题，很难从法律中找出相关条例。

2. 信用风险

由于明股实债涉及隐性债务，且我国对于个人及企业的信用体系并不成熟，因此无法进行全面的信用监管，出现问题很难究责。

3. 收益风险

虽然明股实债的性质带有刚性保底，但一旦投资过程被认定为借贷性质，如果投资人没有获得预期收益，那么高出正常利率的那部分收益将无法获得法律支持。

为了防止损失，保障权益，操作明股实债要时刻关注政府动态，掌握相关条例；在过程之初协商一致，尽量避免出现冲突；合理运用资源，避免资金浪费；制订科学的进入、退出机制，保障企业的和谐稳定。

明股实债的初衷是给投资者与被投资者双方提供便利，但由于相关政策法规的缺失，导致过程中可能会出现不必要的麻烦。因此，在采用明股实债的模式时，要尽量保证合同及协议的全面性、严谨性。

第53问 如何处理好融资时股权稀释和创始人决策的关系？

1号店成立于2008年，在于刚的带领下发展迅猛，2010年时，1号店的销售额已达到27.2亿元，当时已经成为全国十大电商之一。之后为了扩大公司，于刚于2010年5月向平安集团融资8 000万元，并给出了80%的股权，使平安集团一跃成为1号店的第一大股东。

2011年5月，平安集团把部分股权转让给了沃尔玛，到2012年8月，沃尔玛把股份增持到了51.3%，掌握了1号店的控制权。而于刚的股权受到了严重稀释，他和刘峻岭的股权加起来才11.8%。最终沃尔玛成了1号店的管理者，而于刚和刘峻岭被踢出局。于刚离开后，1号店发展缓慢，逐渐被京东、阿里巴巴、聚美优品等电商超越。

1号店的创始人于刚就因为在引入更多资本时，自己的股权受到严重稀释，从而失去了公司的控制权，使公司落入沃尔玛的掌控之中。

随着公司不断地发展壮大，会面临很多轮融资。经过几轮融资后，创始人手里的股权会被稀释得很低，容易失去公司的控制权。这种因股权稀释而痛失公司控制权的例子比比皆是，给我们一次又一次敲响警钟，如何处理好股权稀释和创始人决策的关系值得深思。从1号店这个案例中，可以总结出几点经验。

1. 企业在融资时不要给投资人过高的股权

企业在融资时会给投资人股权，但是不宜给得过高，一般处于创业初期的企业给投资人的股权比例应为10%~30%。而随着公司的不断发展，估值也越来越高，在接下来的几轮融资中，股权不宜超过第一轮融资的比例，应该逐渐递减，因为随着融资次数的增多，股权给得越多，创始人手里的股权就会被稀释得越严重，1号店就是一个例子。

2. 创始人在股权被稀释时，也要保住公司的决策权

公司一轮轮融资，创始人股权被不断稀释，这时很难保住决策权。但是如果保证不了创始人的决策权，那么公司就很有可能落入投资人的手里，从而使创始人变为投资人。因此，企业进行融资时一定要考虑保住创始人决策权的问题，只有保住创始人的决策权，才能使公司的灵魂不倒，公司才能长

久发展下去。

3. 提前做好合理的股权构架

为了避免因股权稀释而丧失公司控制权，企业创始人可以提前做好合理的股权构架。例如，京东在上市前曾融资9次，数额达到10亿美元，创始人刘强东的股权被稀释得越来越少，但因实行了AB股制度，刘强东依然将控制权牢牢地握在自己手里。

第54问 A、B、C轮融资，优先稀释谁的股份？对股权架构有什么要求？

> 张总从事玩具设计行业，2015年与朋友小王一同创业。张总在公司占股60%，小王占股40%。两个人有商有量，将公司经营得风生水起。2016年的一次偶然机会，张总认识了投资人李总，李总很看好张总公司的发展潜力，决定投资300万元入股，要求占股10%。假如李总占股10%，那么张总和小王谁的股权应该被稀释呢？

大部分公司在上市前，都会经历A、B、C多轮融资，而股权融资就意味着要给投资人股份。案例中张总和小王的股权如果要分给投资人李总10%，那么应该稀释谁的股权呢？公司在稀释股权的同时对股权架构有什么要求呢？本节详细讲解一下这个问题。

一般企业都是同比例稀释现有股东的股权。案例中的李总融资300万元，占股10%，那么张总和小王的股权都要等比例稀释，也就是按100%-10%=90%这个比例稀释。融资后张总的股权就变成了60%×90%=54%，小王的股权变成了40%×90%=36%，如表5-3所示。

表5-3　企业同比例稀释股东股权示意

公司股东	融资前占股比例	融资后占股比例
张总	60%	54%
小王	40%	36%
投资人李总	0	10%

但也不排除有特定股东的股权协议里有不能稀释其股权的规定。为了保证创始人对公司的控制权，尽量不要稀释公司创始人的股权。当然，公司在进行融资的过程中也可以实行相关制度，与投资人签订相关协议，如实行AB股制度，并不会改变稀释股权的比例，只会影响控制权。也就是说，虽然稀释了股权给第三方股东，但是释放的控制权可能很小。

股权的构架在融资之前一定要调整好，以免在股权被不断稀释的情况下，导致企业创始人失去公司控制权。股权架构做不好，容易使创业者失去其一手打拼的公司，那么应该如何避免这种情况发生呢？

1. 企业创始人一股独大

企业创始人的股权最好能够大于67%，确保拥有绝对控制权，使公司行动统一，有助于提高工作效率。其他作为公司合伙人的股东可以分配10%~20%的股权，合伙人在一个问题的决策上还可以提不同意见，一个企业应该有不同的声音，而且公司发展离不开合伙人的资源和能力。但是股东在分配股权时一定要遵循一个控股原则，就是2+3＜1的法则，即公司的二股东与三股东的股权加起来不超过企业创始人的股权，这是一个重要法则。

2. 预留期权池

公司要预留出5%~20%的期权池，因此企业的股权结构大致为，企业创始人50%~60%+期权池5%~20%+合伙人10%~20%。尽量不要出现创始人50%、合伙人40%、其他小股东各占5%的股权结构。

我有个学员是一家经贸公司的大股东，占股50%。因为跟合伙人有点矛盾，结果二股东联合几个小股东与他抗衡，最终导致公司散伙，创业失败。

类似这样的惨痛教训放眼商界比比皆是。我们要吸取教训，在设计股权结构时一定要保证企业创始人的绝对领导权，这样创始人就可以把控公司未来的发展方向，使企业长久地发展下去。

3. 设定联合创始人的股权成熟期

现在很多创业公司会有好几个联合创始人，为保护公司利益，设定合伙人的股权成熟期显得尤为重要。一般情况下，在职不满一年的创始人离职，不应该继续持有公司的股权，而且公司不应该回购其股权。股权成熟期限一般规定为四年，满一年后每加一年成熟 25%，如果中途离职，那么只能带走其成熟的股权。这样就有效防止了公司利益受到巨大损失，且合理地分配了公司合伙人的利益。

总之，股权布局要从"娃娃"抓起，也就是在公司创立之初，创始人就要运筹帷幄。唯有如此，在公司面临融资、股权被稀释时，创始人才能把控住公司的控制权。

企业融资时应该如何估值，一般出让多少股权比较合适？

如果世界上有一杆秤，能把一个人、一个团队或一个项目称出几斤几两，然后自动换算成金钱，那么商场是不是就会变得跟菜市场一样简单？可是世上没有这等美事，商场依然复杂，而这本书也有了存在的价值。企业融资时应该如何估值，一般出让多少股权比较合适？这个问题我相信每个创业者都曾想过。那么答案是什么呢？我来一一解说。

行业不同，企业估值方法就不同，而处于不同发展阶段的企业，估值也不尽相同。但估值有一个基本定律，就是要考量企业现在或将来创造利润的能力。

一般来说，科技公司的估值比餐饮行业、商品生产行业等传统公司要高。例如，新餐饮企业的估值，一般是其收入的3~4倍。而流量快速增长的互联网公司，估值可能是其收入的5~10倍。

对于创业初期需要融资的公司，没有流量及用户数，也没有太多财务数据作为参考，那么投资人一般会以创始人的个人价值、创业团队的价值及项目的市场前景来判断估值。这样的估值很大程度上也包含了投资者的主观因素。

对于处于发展中后期的创业公司，估值就比较有据可依。投资人一般会通过创业公司过往几年的收入、现金流量、业绩等，再比对上市公司经营业绩来给企业估值，估值越大，融资越多。值得注意的是，在给公司估值时，非上市公司一般会比上市公司低25%~35%。

对于初创企业来说，给投资人的股权比例不宜过多，一般第一轮融资金额为几万元至几百万元不等，会占公司8%~25%的股权。对于发展方向比较好、创业团队优秀的公司，融资金额可以达到1 000万~2 000万元，但是最多给投资人不超过30%的股权，一般给10%~20%的股权。

企业发展起来之后，会有风投公司进行投资，投资金额一般在2 000万元以上，公司会给出20%~30%的股权。公司发展壮大，在上市之前还要进行几轮融资，融资金额为5 000万元至数亿元。每轮融资，公司会给出10%左右的股权，一直到公司上市为止。

假设公司的两个股东分别占股70%和30%。公司经过天使投资，以及A、B、C、D四轮投资之后，股权分配情况如表5-4所示。

表5-4 某公司融资后的股权分配情况

公司股东	融资前占股	天使投资后占股	A轮投资后占股	B轮投资后占股	C轮投资后占股	D轮投资后占股
甲	70%	63%	50.40%	42.84%	38.56%	34.70%
乙	30%	27%	21.60%	18.36%	16.52%	14.87%
天使投资	/	10%	8.00%	6.80%	6.12%	5.51%
A轮投资	/	/	20.00%	17.00%	15.30%	13.77%
B轮投资	/	/	/	15.00%	13.50%	12.15%
C轮投资	/	/	/	/	10%	9%
D轮投资	/	/	/	/	/	10%
总计	100%	100%	100%	100%	100%	100%

注：表中没有将员工激励股权池需求计算在内。

总之，创业者尽量不要让给投资人过多股权，可以适当将公司估值高一些，这样既可以提高融资的金额，又可以少给投资人股权。公司越小越要珍惜股权，创始人最好规定一个出让股权的上限，超过这个上限就下调融资金额或选择不融资。

在签署股权投资协议时，企业负责人要注意什么？

休息日我正准备陪家人出去逛逛，就被邻居老杨堵在了家门口。他拿了一份协议给我，让我帮他看看协议条款。老杨三年前开了一家进出口贸易公司，公司发展得不错，这些年他一直在到处招兵买马，搜罗行业人才。这不，又被他找到一位能人。这位能人表示会死心塌地留在公司与老杨共创如画江山，并打算出资30万元购买老杨公司 5% 的股权。老杨一合计，觉得用 5% 的股权留住一个人才也是一个不错的选择。于是老杨就拟了一份股权投资协议初稿来我家了。

股权投资协议是股东权利的保证，是股东进行利润分配的依据。所有条款都需面面俱到，稍有不慎就容易引起后续各种纠纷。那么签署股权投资协议时，企业负责人应注意哪些方面呢？

1. 对出资股东进行核查

一旦成为公司股东，其所有行为就都跟公司有了连带关系。因此，企业负责人要核查股东资格，包括股东的人品、家庭背景、学历、人脉、资产情况及外债情况等，并且需要备份股东的身份证明。企业负责人全面了解股东，对以后开展工作是有利的，核查每一个入股的股东也是企业负责人对企业负责的表现。

2. 明确股东的出资金额及出资方式

在签署股权投资协议时，企业负责人首先要注意，一定要明确股东的出资金额和时间，把具体金额和最晚什么时间收到款项写到股权投资协议里，以免签完协议后，股东的资金迟迟不能到账，同时要规定好到期未能出资的相关违约赔偿事项，并做好相应的补充条款。例如，因股东未能及时出资，其拥有的股权可以由其他愿意出资的股东拥有。还要明确股东的出资方式，现行《公司法》明确规定，可以用货币、知识产权、土地使用权等方式出资，企业负责人要验证出资方式的合法性，并出具验资证明，如果股东以房产作为出资方式，就要验证其房产证与股东姓名是否一致，且房产是否为合法所得，以免日后给公司造成一些不必要的麻烦。

3. 明确股东的表决权

出资获得公司股权也分好几种，有的股有表决权，有的股没有表决权。例如，虚拟股就没有表决权。因此，在签订股权投资协议时要明确此股是否有表决权。如果股东有表决权,还要明确其表决权的大小是否与其所占股份成正比。《公司法》中规定,股权分配不局限于股东对公司投资多少资本。表决权可以通过股东经营管理能力及给公司带来的其他有利资源来规定,企业负责人要合理地分配股东的表决权,这也代表了股东的决策权。

4. 明确股权调整机制和退出机制

签署股权投资协议时,无论是实股还是虚拟股,都应明确股权调整机制和退出机制。股权调整机制能有效激励股东时刻保持创业心态,防止有些股东拿到股权后,工作就停滞不前。退出机制则能保护企业利益不受损害,防止有些股东带着股权跳槽。调整机制和退出机制条款越详细,双方越不容易出现扯皮现象。

5. 明确股权继承问题

关于股权是否能继承的问题,一般来说,是可以由继承人继承的。但是,企业责任人可以在股权投资协议的章程中约定股权不能继承。

制度的健全才是契约精神的保证。朋友再好,合伙人再忠心,都抵不过人性的复杂,也比不过制度的力量。因此,在草拟股权投资协议时,企业负责人要字斟句酌,再谨小慎微都不为过。

第57问 股权众筹是有限合伙好还是代持好?

2011年,许单单、鲍春华、马德龙三名创始人创立了3W咖啡馆。3W咖啡馆的咖啡与其他咖啡馆的并无不同,唯一不同的是,这是一家靠股权众筹而创办的咖啡馆。当时三位创始人向社会进行资金募集。他们将股东范围限定在互联网创业者及投资人领域,每人10股,每股6 000元,也就是一人要拿出6万元。这个创业点子很快吸引了徐小平、沈南鹏、曾李青等180位知名投资人和高管的目光,并获得了种子资金。

此后，在咖啡馆、酒吧、高级美容院等领域，很多创业者争相效仿，开启了国内股权众筹的创业新模式。

股权众筹可以说是当前业界比较热门的话题。那么股权众筹是有限合伙好还是代持好呢？一些创业者对这个问题比较迷茫。我们先来认识一下股权众筹的概念。

股权众筹是指公司基于开放的互联网平台，公开面向普通投资者筹资，以给出公司一定比例的股份来获得收益，让更多的普通投资人参与公司创业的过程。有限合伙与代持都是股权众筹的主要模式，下面来分而论之。

1. 有限合伙

有限合伙模式就是以有限合伙企业为单位，将众筹的投资人分别打包，以有限合伙企业的身份向目标企业投资。其中，投资人为有限合伙人，领投人或平台等作为普通合伙人。而有限合伙人一般情况下不需要参与到企业的具体投资和管理中去，全部交由普通合伙人操作即可，但有限合伙人有权了解基金的投资情况。

（1）优点

①收益分配灵活。合伙人之间自由约定关于有限合伙的收益，不受投资金额的限制，因此有很多投资人愿意选择有限合伙的方式进行众筹。

②避免双重纳税。有限合伙的纳税方式是在分配完利益的情况下进行的，根据投资人适用的边际率纳税，这样就避免了双重纳税。而且在法律上结构明晰，明确了合伙人的身份，在产生利益争议时有据可查。

③提高普通合伙人管理的积极性。有限合伙模式赋予普通合伙人较多的管理权和利润，使普通合伙人的管理与有限合伙人投资的利益紧密联系在一起，利用灵活有效的激励机制，提高普通合伙人管理的积极性。

（2）弊端

有限合伙的参与人数较多，企业需要较长的周期才能拿到资金。同时，有限合伙的众筹模式无法确保合伙人之间的诚信度。如果中途有投资人退出投资就会很麻烦，很难追究其责任。

2.代持

代持模式是指投资人委托某平台或由领投人代持其股份，此模式不用设立实体有限合伙，由领投人或平台入股标的企业。

（1）优点

程序比较简单，众筹企业能快速获得资金，而且投资人内部互相转让股权也很方便。

（2）缺点

①法律风险。相较于有限合伙，代持模式具有一定的法律风险。代持模式下，实际出资人与工商登记的人姓名并不一致，在法律层面不会被认定为公司股东。当出资人与代持人产生纠纷时，出资人很难保障自己的权益。

②代持人道德风险。投资人不是直接对企业进行投资，而是由他人代持，在收到投资回报时，投资人与代持人容易因为利益而产生纠纷，从而导致违约，因此对代持人的道德要求比较高。

在比对有限合伙与代持这两种众筹模式后，大家心里应该有了一定的评判标准。总之，如果希望降低投资风险，我建议大家选择有限合伙模式；如果更看重程序简单，则不妨选择代持模式。模式从来没有好坏之分，人才是关键，只要选对人，任何模式都是好模式。

第 58 问　股权众筹平台能否代替天使投资或风险投资？

在深圳培训时，有位从事游戏设计的学员每次课后都会找我聊会儿天，给我留下了很深的印象。闲聊中，我得知该学员组建的团队开发了一款集课本知识与游戏于一体的游戏产品。他之前也找过几个天使投资人谈融资，但是都没有结果。于是，他准备转移目标，在股权众筹平台上发布项目、寻求资本，咨询我是否可行。

随着国内股权众筹平台的逐渐完善，很多创业者都将融资方向转向众筹平台，希望能获得民间投资人的青睐。那么，股权众筹平台能否代替天使投资或风险投资呢？

我们先来了解一下天使投资、风险投资和股权众筹平台三个概念的不同之处。

1. 天使投资

天使投资人一般是指企业的第一批投资人。天使投资大多是自由投资人或非正式风投机构，投资一些原创性的项目构思，或者对初期创业公司进行一次性投资。天使投资的特点是投资金额相对较少，但回报率很高。

2. 风险投资

风险投资（Venture Capital，VC）分为五个阶段：种子投、初创投、成长投、扩张投、成熟投。相较于"天使"而言，VC大多是企业行为，VC的目的并不在于控股，而是在于退出和收益，常见的VC退出机制有三种：首次上市、收购和清算。

3. 股权众筹平台

股权众筹平台是一种专门为投资者和创业者服务的从事股权众筹的机构平台，如京东东家、天使客、大家投等。股权众筹平台降低了融资的门槛，使更多人能够参与到股权众筹中，从而在其中获取回报。相较于以上两种投资方式，股权众筹更像是升级版的天使投资。

股权众筹平台的优势在于，将传统的信息发布方式和集资模式全部转移到互联网，不仅改变了传播媒介，更大大提升了信息的传播效率。股权众筹平台的传播媒介也决定了它能更早、更多地接触到项目信息。但是股权众筹平台无法像天使投资和VC一样，将项目交给专业的财经、法律、财务人员一一排查，这是一个很大的弊端。这意味着参与众筹的投资者自身要具备甄别能力，否则投资行为具有较大的盲目性。

股权众筹平台上的项目大多是未能找到合适的天使投资人的企业。因此，股权众筹平台与其说是代替天使投资和VC，不如说是对两者的一个良好补充。在股权众筹平台飞速发展的当下，天使投资和VC也已经渐渐地转为线上挖掘项目，投资人无须再把有限的时间放在无限的看项目中，筹资人更不用扫街宣传自己的项目。创始人的每个项目都可以先经过平台上的初步筛选，再由天使投资和VC团队的专业人士实地考察决定投资与否。

深度合作、共享资源、共享经验，可以将每笔投资的风险降到最低。案例中提到的那位学员，在没有找到天使投资的情况下，转向股权众筹平台筹资，也是一个不错的选择。

市场的成长过程绝不是简单的"新模式"代替"旧模式"，而是让"新模式"融合、吸收"旧模式"的优势，从而尽可能地剔除自身的缺点与不足，达到无限趋于完美的状态。

第59问　什么阶段的融资适合通过股权众筹来实现？

> WiFi万能钥匙是一款能自动获取周边免费WiFi的免费上网工具。2015年5月29日，WiFi万能钥匙在众筹平台上线，上线不到一小时，浏览量突破十万次。至6月15日已有5 000多人认购，总计认购额超77亿元，超募达到237倍，融资金额达到6 500万元。以这样的成绩，WiFi万能钥匙创造了境内股权众筹的三项纪录。

WiFi万能钥匙的成功，说明了股权众筹是一条创新的融资道路。所谓众人拾柴火焰高，每个人投一点小钱，这点小钱在投资人的资产表里可能就如几滴水珠，但是汇聚在一起，就成了汪洋大海。那么公司处于什么阶段才适合进行股权众筹呢？

创业初期无疑是股权众筹的最佳时机。创业初期，公司还处于未完全开发阶段，可能只有一个创业计划书，或者只有初始产品。对于这种初创阶段的创业型公司来说很难拿到天使投资，就算有天使投资，需要给投资人的股份也普遍较多，这时公司不妨选择通过股权众筹的方式进行融资。股权众筹可以弥补一些股权融资覆盖不到的地方，集众人之力让初创企业从无到有。投资人手里的闲置资金很多，大多数普通投资者也想找到好的渠道投资。假如吸引40个人，每人筹10万元，就有400万元，这对于初创企业来说是很大的一笔资金了。有了这笔资金，可以帮助初创企业存活很长一段时间。

另外，对于一些初创企业来说，几十人甚至上百人的众筹股东会给企业带来很多附加利益，这批投资者不仅是企业忠实的用户，还会为企业提供建设性的建议，帮助企业完善产品。有些投资人还会利用手里的资源为企业提供客户，对创业初期的企业给予大力帮助。这批投资者还是免费的宣传者，每个投资的小股东都有为公司做宣传的动力，他们会在自己的亲朋好友中不遗余力地对公司进行宣传推广，这些对于初创公司而言弥足珍贵。

那么，为什么股权众筹适合创业初期而不是创业中后期的公司呢？原因有以下两个。

第一，创业企业在发展中期时已经过几轮融资，估值上升了不少，有些甚至已经翻倍。这时再进行股权众筹，能给到小股东的股权少之又少。与此同时，在创业中后期，企业所需融资金额远超创业初期，对于众筹的小股东来说，同样需要掏10万元，拿到的股份却大不相同，一些小股东会觉得不划算。

第二，企业经过一段时间的发展，具备了一定的知名度和影响力，很多风投机构会纷纷找上门来。

> 我有一个学员就遇到过此类情况，公司本来打算通过股权众筹的方式募资100万元，在筹到20万元时，出现了一个财大气粗的投资人，将剩下的80万元包圆了。后来才知道，原来是一家风投机构觉得这个项目很好，拥有不错的发展潜力，于是直接入股了。

一般而言，优质的创业公司在发展中后期不愁找不到风投。如果真的无人问津，只能说明这家创业公司竞争力不足，前途堪忧，此时即便进行股权众筹，小股东也未必愿意进场接棒。

第60问 互联网非公开股权融资和私募股权融资有什么区别？

很多朋友都跟我说，"互联网非公开股权融资"和"私募股权融资"这两个词听得他们不明所以，本节就为大家详细讲解这两者的区别。

互联网非公开股权融资原来称为"私募股权众筹"，是在《关于对通过互联网开展股权融资活动的机构进行专项检查的通知》下发之后才改名的。由此可见，互联网非公开股权融资和私募股权融资之间有着千丝万缕的联系。

私募股权融资（Private Equity，PE）是指投资人通过私募的方式对非上市企业进行的权益性投资，在交易过程中已经筹划好退出机制，通过上市、并购或管理层回购等方式出售所持股权从而获利。

而互联网非公开股权融资则是指企业借由互联网平台向特定人群进行非公开的资金募集，企业在互联网平台上出让一部分股份，向互联网投资平台的用户进行募资，投资者通过公司股份获得未来的收益。

互联网非公开股权融资和私募股权融资的区别如下。

1. 投资模式

互联网非公开股权融资中，由融资平台将需要融资的项目信息投放给目标投资人，并加以公开。投资人所集结的资金将直接用于融资企业的经营。简而言之，在互联网非公开股权融资中，投资者看重的是项目本身。多数经验不足的投资者也会选择在平台的指导下暂时性地组成投资人联盟，并一同投资平台所建议的项目。所以说，互联网非公开股权融资更趋于直接投资。

而私募股权融资中，大多数的投资人不会自己去看好什么项目，而是选择一个能力突出的基金经理，而基金经理将要投资什么项目并不是投资人能左右的。可见，相对于前者，私募股权融资的投资者进行的是一种间接投资。

2. 信息披露

在互联网非公开股权融资中，投资者与融资者之间属于直接投资的关系，因此融资者有义务承担信息披露的义务，而互联网平台的主要职责是监督融资者履行此义务。

而在私募股权融资中，信息披露的工作由基金管理人员承担，所披露的信息也均为自身基金的经营状态。

3. 投后管理

在互联网非公开股权融资中，不同的投资方式将为投资人带来不同的投后管理模式。例如，通过有限合伙方式进行的股权众筹，普通合伙人将成为主要的投后管理者，而有限合伙人对一般合伙人的监管将在《合伙企业法》的协议事项下进行。

而在私募股权投资中，投资人一旦完成投资，基金管理人将负责全部的投后管理事项。投资人只要根据《私募投资基金监督管理暂行办法》来监督基金管理人履行义务即可。

从目前的市场行情来看，互联网非公开股权融资已经逐步走向成熟，并开辟出了一条属于自己的道路，其与私募股权融资所存在的差异已经足以使自己成为一种独立的融资模式。

最后强调一点，不同于私募股权融资已经形成相对成熟的经营和监管体制，互联网非公开股权融资的监管体制还不甚完善，投资人在投资时需要认真观察并对比平台和项目的可靠性。行业内的从业者也必须有一定的自律性，保障投资人基本的权益不受侵害。这样才能有效保持良好的市场环境。

第 6 章

股权投资：人无股权不富，当下是股权投资的黄金时代

举国调控下，楼市投资已呈紧缩态势，股市依旧在收割一茬又一茬的"韭菜"，而股权投资俨然成为"时代宠儿"。这是一个以股权论英雄的时代，股权造就亿万富翁的新闻屡见报端，甚至有这样一句话广为流传："没有不懂股权投资的富人，也没有懂股权投资的穷人。"

第61问 股权投资真的能一夜致富吗?

2014年阿里巴巴在纽约证券交易所上市,发行股价为每股68美元,开盘首日股价就上涨至每股93.89美元。1元的原始股,转眼价值16万元。不仅马云与蔡崇信一举成为超级富豪,阿里内部也造就了几十名亿万富翁、几千名千万富翁、上万名百万富翁,堪称史无前例的"造富潮"。

无独有偶,腾讯上市造就了5位亿万富翁、7位千万富翁和几百位百万富翁;百度上市创造了8位亿万富翁、50位千万富翁和几百位百万富翁……股权投资的"造富"奇迹,在一次又一次上演。

面对此情此景,不少人心驰神往:股权真的能一夜致富吗?我去投资某个企业,是不是也能收获巨大财富?类似这样的问题,我听过无数次。但是世上从未有过天上掉馅饼的好事,股权投资市场看似歌舞升平,实则暗潮汹涌。

市场上很多投资机构从事的就是专业的股权投资,他们实力雄厚、资源广泛、经验丰富,往往能抢占先机、拔得头筹,即便偶有失手,往往也能化险为夷。相比之下,个人投资者实力薄弱、资源匮乏、资历浅短,往往在投资时事与愿违,一不小心就会倾家荡产。

或许有人会问:"既然个人投资者在市场上阻碍重重,那我委托机构进行股权投资不就行了?"

表面上看,此法可行,但前提是你选择了一家绝对权威的投资机构。否则,很可能还没看到回报,投资机构就先倒闭了。即便是你选对了机构,距离一夜致富的目标也相去甚远。由于市场变化日新月异,企业发展难以预估,很多知名投资机构的回报率其实低得可怜,投资5年以上还未能收回投资成本的情况比比皆是。

股权投资的输赢全在企业的发展之间。我很尊敬的一位经济学家陈志武教授认为，股权价值等于未来无限利润流的贴现总值。换句话说，想要通过股权获得长久的财富收益，就必须保证股权所属企业拥有始终旺盛的生命力及长足的发展前景。如果企业没有价值，那么股权价值也不过是镜花水月。

> 2017年8月关闭的VR社交明星平台AltSpace，尽管曾经获得来自腾讯、谷歌等投资者共计1 570万美元的投资，却仍然改变不了败亡的结局。在美国，类似于AltSpace的情况多如牛毛，哈佛商学院曾经调查了美国2004—2010年获得风险投资超过100万美元的2000多家创业企业，结果显示这些企业的失败率高达75%。

中国的情况与美国相差无几，对于投资者来说，想要在众多创业企业中找到最终飞黄腾达的那一家，无异于大海捞针。

股权投资的扑朔迷离也让许多投资者望而却步。于是，一种新型的股权投资方式——股权众筹应运而生。这种投资方式主要通过平台进行，以亲民、简单的特点吸引了众多普通投资者参与。股权众筹的理念虽然很好，但相关法律法规的不足、监管力度的缺失，导致平台乱象丛生，一旦操作不当，不仅无法获得回报，反而会麻烦缠身。

《双城记》的开头写道："这是最好的时代，也是最坏的时代。"对于投资者来说亦是如此。"无股权不大富"，股权确实可以让人实现跨阶层的财富增长，但如果被别人的财富冲昏了头脑，赌博式投资只会血本无归。即便是股权投资，也要冷静应对。真正在股权上一夜致富的人，必定具有非凡而独到的眼光，以及敢于付出的勇气，并非只是运气使然。因此，想要一夜致富，首先就得成为那样的人。

第62问 VC如何判断项目早期是否值得投资？

2018年5月，在深圳的第五届民营经济发展高峰论坛上，我碰到了久未谋面的老朋友老徐。老徐在风投界经营了十几年，是比较资深的投资人，经他投资的几个项目都获得了高额回报。老徐是个健谈之人，闲聊时会给我们讲各种投资上的趣事，其中也不乏一些投资干货。例如，VC如何判断项目早期是否值得投资，就这一点老徐就能兴致勃勃地给我们讲上三天三夜。

VC即风险投资，简称风投。一般而言，VC在确定投资之前，需要从以下两个角度进行分析。

1. 项目

按老徐的说法，一般能让风险投资者感兴趣的项目有以下三种。

（1）有被市场接受的证据

在被投公司的产品已经被很多消费者认可的情况下，如果我是风险投资者，我也会投。但在很多早期的创业项目中，产品一般都还没有面世，甚至仅有一张图片，此时如何判断产品未来的市场走向呢？很简单，做一次市场调研就好，用数据来说明产品的受欢迎程度。

（2）能够明确反映风险投资者的需求

风险投资者是为了回报而投资的。如果被投资对象能够很好地对自身企业做出预估，那么就将投资回收期、投资回报率等明确告知风投人。

（3）产品的最大优势清晰可见

每个创业者都会有意地突出这一点。需要强调的是，这种优势是与其他类似产品有质的不同，但又不能被轻易复制的产品功能，同时一定要能带来很高的利润，也就是消费者会迅速认可，并且有黏性。

2. 团队

一个成功的企业离不开强有力的创业团队，团队在创业道路上起着至关重要的作用。就像阿里巴巴能发展到今天，离不开蔡崇信和"十八罗汉"的鼎力相助。因此，投资人选择投资初创企业时，看创业团队是否值得被投资也很重要。

首先，考量一个团队，领头人是关键。创业初期，企业创始人的智商、情商直接影响企业的发展走向。一个好的企业创始人应该正直、坦诚、坚毅，无论遇到什么困难都可以带领团队走出困境。

其次，看团队成员的沟通能力和成员的背景。好的沟通能力能提升工作效率，有效地完成工作任务。同时，团队成员的背景也是企业的无形资产，背景强大的成员可以帮助公司少走很多弯路。

最后，还要看团队的韧性。一个有超强韧性的团队必定能做出一番成就，这一点美团就是最佳诠释。美团的创业团队无论碰到什么困难，都紧抱一团、埋头苦干，从不轻言放弃，最终成就了如今的美团。

股权投资是个很难把握的行业，存在一定的不确定性，投资成功在很大程度上也有运气的成分。希望以上这些经验之谈能帮助投资人提高投资成功率，也能给创业者指明方向。

第63问 如何确定未上市企业利润的真实性？

小周是名IT工程师，从事通信技术研发十几年，原来一直在某家上市公司研发部门担任经理一职，薪水不错，工作压力也不大。

前不久他的一位朋友想拉他投资，承诺给他20%的公司股份。他朋友的公司已做了三四年，也算小有规模。但是具体盈利状况如何，小周也无从知晓，只是听朋友说利润可观。小周很是犯愁，如果不去试一次，怕自己后悔，可是毕竟投的是真金白银，不知底细也不敢轻易投资。对于小周来说，如何才能得知这家公司的真实收益是个大问题。

像小周这样的烦恼，很多股权投资者可能都遇到过。国人经商向来有"财不外露""闷声发大财"的传统，尤其对于企业利润这一块，总是"犹抱琵琶半遮面"。打听一家企业的利润状况，就像打听一个人的年薪、婚姻状况一样，显得不合时宜。除非企业想获得银行信贷，或者准备上市，此时才会声势浩大、高调地披露企业利润数据，至于这些数据的真实性就不得而知了。那么，作为一个投资者，该如何确定这些未上市企业利润的真实性呢？我建议从以下四个方面着手。

1. 销售单据

企业都是通过销售来获得利润的，有销售就会有关于销售的单据，如发货单、销售台账、销售中涉及的发票等，根据这些销售单据可以大概推断出企业的收入范围。但是，企业的销售单据也存在信息不对称的部分，如销售合同，如果销售合同已签订但是双方没有履行，那么这份销售合同作为销售依据就没有参考意义。由此可见，用销售单据这一项来判定企业的销售收入有一定的局限性。

2. 银行流水

银行流水可以直接反映出一个企业的现金流，它是判断公司收入的重要凭证。公司每个月的水电费，正常的生产运营开支及进账款与出账款都有明确的流水，其金额走向也有一定规律，投资者可以通过这些资金走向观察公司的运营状况及发展情况。银行流水中也有与收入无关的进账资金，如有些是账户间转账结算。我们要把与销售无关的账目剔除掉，通过销售单据及财务报表与银行流水的对照，从而把公司收入大概推算出来。

3. 纳税凭证

企业经营会有增值税、营业税、消费税等，这些税收都是与销售有关的。如果可以了解企业的纳税金额，就比较容易推断出公司的收入。但是，前提是要保证发票的真实性、发票齐全及所得利润与实际相符。如果这三个前提保证不了，就确保不了收入的真实性。有的企业会为了公司上市虚增销售收入，不惜花大量金钱向国家上税，因此确定企业收入不能过分依赖纳税凭证，还要通过多种手段了解企业销售收入。

4. 财务报表

企业收入最直接的体现就是财务报表，但是很多非上市企业财务的真实数据都有机密性，不是公司的核心内部人员，很难通过财务报表知道公司的真实收入，因此财务报表只能作为一个大体的参考数据。投资者可以通过比对同行业财务指标来进行判断，但要经过实际调查，以防因报表注水而判断错误。

当然，通过上面的四种方法来确定未上市企业的利润也不是十分精确的，要想精确计算一个企业的利润，还是需要会计师来进行专业的计算。对于不能进行专业计算的普通投资人，可以利用上述四种方法进行一定的参考。像案例中的小周，只要拿到这四个方面的财务数据，基本就能判断出他朋友公司的财务状况，也有助于他做出最终的选择。

第64问 普通个人如何参与股权投资？

我在大学学的是金融专业，参加工作后从事企业咨询管理和股权激励工作十几年，深知股权投资的风险和魅力。股权投资的最大魔力，在于用"股权"

这个杠杆撬动整个经济圈。可以说，股权投资是冒险家的乐园，它犹如一座巨大的宝藏，吸引着众多投资者蜂拥而上。尽管最终寻到宝藏的人寥寥无几，但是依然有大批的人前仆后继。正如我周围的亲戚朋友，就会经常询问我该如何参与股权投资。

股权投资的话题太深奥，绝非三言两语就能说完，在此，我简单介绍一下股权投资的参与方式，供一些对股权投资了解甚少、投资无门的普通人参考。

1. 合伙开公司获得股权

合伙开公司，顾名思义就是找人一起创业，创业初期会分配股权，如果你是公司创始人之一，就会分到一部分股权，这部分股权也称原始股。原始股的价值要看企业发展状况，如果企业顺利上市，那么原始股的身价就会倍增。腾讯当年的1元原始股，现在复权后已上万元；贵州茅台当年的1元原始股，现在将近800元，复权后也有1 000多元。这就是原始股的巨大魔力，一旦进入资本市场，拥有者的身价将瞬间飙升。

还有一种合伙模式就是以股权融资的形式入股企业。例如，一个公司刚刚起步，需要第一轮天使融资，融资金额为50万~2 000万元，对于一些个人投资者来说也承担得起。以相应的资金获得公司股权，投资者与企业一荣俱荣，一损俱损。这种股权融资的投资风险较大，往往要求投资者具备独到的眼光。例如，资深投资人徐小平投资聚品优美，用38万美元在4年内就获得了800多倍的回报。

2. 私募股权投资基金

私募股权投资基金是一种私人募集股权对企业进行投资的行为，一般是对非上市企业进行投资，是个人通过企业上市、并购或管理层收购等途径以出售股权而获利的一种投资手段。它是时下很流行的一种股权投资模式，一般私募股权投资对投资金额要求在100万元以上，而且私募股权投资的专业性很强，需要投资者具备相关领域的实业经验。对于非专业投资者，我建议还是选择专门的私募股权投资机构来进行投资，这样可以尽可能地降低投资风险。

3. 股权众筹

股权众筹在前面的章节中也提到过，它是指公开面向普通投资者筹资，以给出一定比例的股权来获得收益，是基于开放的互联网平台让更多的普通投资人参与公司创业的过程。这种投资方式也很适合个人投资，而且投资金额没有前面两种投资方式要求高。股权众筹有点类似于股权融资，都是公司出让一定比例的股权。但不同的是，股权众筹是基于互联网平台，且平台上投资的人数可以有很多。例如，动画电影《西游记之大圣归来》，参与众筹的89位投资者，合计投入780万元，最终收益翻了4倍。

4. 二级市场买卖

二级市场买卖就是不同的投资者互相买卖流通发行后的有价证券。如上海、深圳证券交易所，普通个人选择一个交易所开通一个证券账户，就可以在交易所相关人员的帮助下进行交易。

在股权投资市场，很多力量在推动你前行，但没有一种力量能让你一本万利。因此，选择股权投资，就不要期待免费的午餐。综观每一个在资本市场通过股权投资获益的人，其资金、眼光、胆量，缺一不可。

第65问 普通股权投资人无法像律师一样做尽调，如何防范风险？

老徐是我一位投资界的朋友，眼光毒辣，在风投界小有名气。尽管如此，老徐也有过看走眼、投资失败的时候。常在河边走，哪能不湿鞋？像他们这种拥有专业律师、财务人员的投资机构，尚且有看走眼的时候，更何况普通人。

那么，普通股权投资人该如何防范风险呢？老徐总结了这些年来的失败教训，对我说了一些经验之谈，在这里分享给大家，希望能帮助普通股权投资人少走弯路，也希望他们尽可能地学会用专业标准去判断投资项目。

投资项目最重要的是看人，世上的好项目可能有千千万万，但是能做好的人却寥寥无几。如果一个企业的创始人顽强、敏锐、善于学习、拥有高学历和丰富的行业经验，那么其创业成功的概率就会大大增加。创始人是一个企业的灵魂，是带领企业走向辉煌的基石，如果没有一个好的企业创始人，那么当这个企业遇到困难的时候，很可能就会被击垮，企业也存活不了多久。看一个企业创始人的好坏可以从出身背景、学历专业及道德品质等方面入手。

首先，一个拥有好的出身背景的创始人可以帮助企业少走很多弯路。不难想象，一个坐拥几千万的"富二代"与一个身无分文的草根创业者之间的差距如何。对于一个"富二代"来说，创业不仅拥有资金方面的优势，还有其背后强大家族的人脉支持，因此，"富二代"创业的成功率是比普通创业者高的。当然，也不排除草根逆袭的个例，但毕竟生活在这个现实的社会，还是务实些比较好。

其次，好的学历背景可以让创始人的事业事半功倍。我接触过的投资者，他们对创始人的学历要求很高，一个好的学历不仅是对一个人文化素养的证明，而且是对这个人智商的肯定。很难想象，一个智商很低的创业者在这个布满商业陷阱的战场上能支撑多久。因此，创业者的学历可以给人以可靠性，从而吸引投资者。

最后，企业创始人的道德品质也很重要。道德品质的范围很广，如诚信、公平、正直等，创始人的品质直接决定一个企业能走多远。近朱者赤，近墨者黑，一个道德品质优秀的创业者带出来的团队肯定也是一个有责任、有担当的团队，而且这样的团队也值得别人信任。反之，如果是一个不守信用、见利忘义的创业者，肯定没有人愿意和他共事。

当然，凡事无绝对，普通投资者衡量一个项目时也不能只看创始人，毕竟了解一个人不是一朝一夕的事，在评定创始人的基础上还要进行市场调研，比对行业、市场等综合因素之后，再选出实力较强的企业进行投资，使风险尽可能地降低。

第66问　如何选择优秀的私募股权投资基金？

> 邻居老杨是一家进出口贸易公司的老总，公司经营得不错，这些年下来老杨也有些积蓄，于是想拿些闲钱出来投资私募股权基金。但是如何选择优秀的私募股权投资基金呢？老杨有些犯愁，想找我打听些内幕消息。我告诉他，内幕消息我没有，不过关于如何挑选优秀的私募股权投资基金，我倒是有些心得体会。他很感兴趣，两个人一聊就聊了个通宵。

私募股权基金是一种私人募集股权对企业进行投资的行为，是通过公司上市、并购或管理层收购等途径，以出售股权而获利的一种投资手段，分为非上市公司股权和上市公司非公开交易股权两种。现在市场上有很多私募股权产品，但是良莠不齐，有些不法分子甚至打着私募股权的旗号进行非法集资，投资者稍有不慎，所投资金就可能有去无回。

那么该如何挑选优秀的私募股权投资基金呢？我总结了几点供大家参考。

1. 选择好的私募股权项目

要想找到一款优质的私募股权项目，首先应了解项目信息，看其是否在中国证券投资基金协会进行了登记备案；其次查看项目的融资方、发行方、托管方及投资顾问等方面的信息；最后确定项目的收益分配与投资期限。在项目的行业选择上，一是要看是否与 GDP 增长相关；二是要看是否有市场前景及是否符合国家有关政策；三是要看企业的经营状况。找到优质的私募股权项目不是容易的,不仅要有敏锐的市场洞察力,还要把握时机,看准就入。

2.确定投资者资格

在选择优秀的私募股权投资时,一定要看其对投资资格的限定,一般私募股权投资对投资金额限定在100万元以上,而且对人数也有一定限制。如果私募机构中有的投资人拿不出100万元,于是找多人凑够100万元的话,那么项目的投资风险是很大的。因此在选择私募股权投资时一定要确认投资者资格,看有没有这种多人筹钱的现象。

3.了解企业为什么开放私募股权

一般一个非常成熟而又有稳定盈利的企业不会主动开放私募股权,因为企业在盈利稳定的情况下不会为了一点资金而选择用公司的股权交换,所以在选择私募股权投资时要先了解企业开放私募股权的目的。如果投资企业是为了刺激销售或是为了打通销售渠道,那么是可以考虑投资的;如果是企业面临巨大的亏损甚至处于破产的边缘,那么投资就要慎重。所以在投资之前了解企业开放私募股权的目的很有必要。

4.选择适合自己的私募股权投资基金

私募股权投资基金收回期限较长,有的产品为1~3年,有的产品为5~10年,投资者要根据自己的资产综合评定来选择适合自己的项目,以免收回期限过长,给投资者造成不必要的麻烦。

在这个"无股不富"的时代背景下,人人都大谈特谈私募股权基金的好处,殊不知有投资就有风险,私募股权投资也一样暗潮汹涌。如果一味盲目跟风,则极有可能被浪潮吞没,唯有擦亮眼睛、量力而行,才能站在浪潮顶端,做时代的"弄潮儿"。

第67问 借钱投暗股应注意什么?

小徐的弟弟与他人合伙开了一家贸易公司,两个人协商前期共出资 200 万元，对方愿意承担小徐弟弟出资后的剩余资金。小徐弟弟希望自己能成为公司的大股东，而他只有 60 万元的资金可以用来创业出资。最后小徐的弟弟向小徐借款 50 万元，并对小徐说，因为暂时没办法全额将这 50 万元还上，所以这 50 万元就算是小徐在公司的暗股。

小徐觉得帮助自己的弟弟没有什么不妥，但是自己并不了解暗股，不清楚这样做是否合理，会不会对弟弟的公司及合伙关系造成影响，更不知道暗股能否受到法律的保护，如果公司的经营出现问题，自己是否要承担股东的义务。由于小徐的存在并不被第三人知晓，如果后期自己的股权在不知情的情况下被其他股东处分，自己的知情权及其他法律权益能否得到保护？带着一肚子疑问，小徐特意找我咨询这个问题。我把暗股的注意事项和风险跟他详细地说了一下，他心里有了底，就没有那么多担忧了。

所谓暗股，就是私底下与某个股东达成的投资协议，暗股股东的名字不出现在企业股东名册上，也不会在工商局做正式登记。例如，案例中的小徐实际出资了 50 万元，但是只有小徐弟弟知晓，其他股东并不知晓，小徐就是暗股股东，而小徐弟弟就是名义股东。暗股能享受分红权益，但是没有其他相关的股东权利。

生活中，暗股投资一般都是亲戚之间或朋友之间通过口头协议达成的，这样就大大增加了暗股投资的风险。如果企业盈利了，名义股东没有按时或足额给暗股股东分红，就容易引起各种矛盾和纠纷。另外，如果企业亏损了，暗股股东的本金是否能要回来，在双方没有事先约定好的前提下，也容易出现纠纷，甚至对簿公堂。

暗股本身并没有明确的法规予以保护，身为实际出资人，也不被其他股东所知晓。因此，一定要签订完善的协议来保障自己的利益不被侵害。在签订协议时应注意以下几点。

1.明确划分钱、权、义务、责任

协议中应明确划分实际出资人（即暗股股东）应享有的所有权益，以及名义股东的权利和义务，并说明一旦发生违约问题，双方应如何判定相应的责任。

2.标明实际出资人（即暗股股东）应占的股权比例

协议中应明确表明暗股股东所占的股权比例，以便在分红时，暗股股东能准确核对自己所获的收益。

另外，身为实际出资人的暗股股东还拥有以下两项权利。

第一，名义股东在未经实际出资人同意的情况下，擅自将实际出资人的股份进行处分的，除非其他股东知晓名义股东并非实际出资人，否则该行为被视为有效处分行为。此行为对暗股股东造成的损失，由名义股东承担全部赔偿责任。

第二，倘若实际出资人有意成为实际股东，如果所在企业为有限公司，则应由股东大会商议决策，半数以上股东赞成，暗股股东即可转为实际股东；如果企业是上市公司，暗股股东则可以与名义股东协商签署转让协议。

总之，在商场上，亲兄弟也最好明算账。名义股东也好，暗股股东也罢，只要参与企业股权分配，都必须用白纸黑字来作证。要知道，制度永远比人性可靠。

第68问　增资扩股后，股东持股比例怎么算？

老张的公司注册资金为100万元，是与原同事合伙注册的，老张占60%的股份，同事占40%。经营两年后盈利颇丰，公司前景相当好。在一次聚会中，老张的朋友表示想向老张的公司投入100万元作为注册资本，成为老张公司的股东之一。

这次资金的注入能为老张的公司带来一次不错的发展机会，老张也欣然接受了朋友的提议，但老张的同事却觉得一旦这100万元注入公司，他们身为创始人的股权将被稀释。为此，两个人产生了分歧。

最后，老张来电向我咨询，公司增资扩股后，股东的持股比例究竟怎么算比较合适？

一般情况下，增资扩股存在以下两种方式。

1. 由股东自行内部增资

①公司原股东可按照自己所占股权比例增资，增资后股权比例不发生改变。

某公司注册资本为100万元，甲乙两位股东各占50%的股份。一年后决定增资扩股，将注册资本增至300万元。甲乙两位股东按比例各认缴增资100万元，增资后注册资本达到300万元。

由于双方出资增资的比例与本身所持股权比例相同，因此双方股权均不发生改变。

②公司原股东未能按照所占股权比例增资，则需要按照协议重新计算并分配股权。

某公司注册资本为100万元，甲股东出资60万元占60%的股份，乙股东出资40万元占40%的股份。两位股东商议决定将注册资本增至300万元，甲股东认缴50万元，乙股东认缴150万元。这种情况下，甲乙两位股东所持股份需要重新计算。

甲股东总出资额为110万元，占公司增资后注册资本的36.67%。乙股东总出资额为190万元，占公司增资后注册资本的63.33%。

2. 由外部注资增资

老张的公司就属于这种情况，增资人并非原有的创始股东，投资金额又相对较大，一旦按照出资比例直接分配股权，就会导致创始人股权被大量稀释。合理的股份分配在这种情况下就显得尤为重要。

我们都知道，公司创始之初的风险是最大的。在平稳运营后，投资风险明显减小，利润增多。那么，让后期进入的投资人与公司创始人使用相同的股权分配法则显然有失公平。

在这种情况下，公司可以先行统计自身的价值，在运营良好的情况下，公司价值必然高出注册资本。以此为基数为新股东计算股份，既不会对创始人股权造成大量的稀释，也能让新股东满意。

> 以老张的公司为例，最初的注册资本为100万元，经营两年后，由于经营状况良好，目前的企业价值估算为400万元。新股东注资100万元后，总价值为500万元。新股东的出资在企业中所占比例为20%，而老张所占股权为48%，与老张合伙的同事所占股权为32%。

当然，在由外部注资的情况下，还有另一种方式——股东协商分配。毕竟后期注资的股东本身已经躲过了企业风险最高的阶段，注资后，是否参与到公司的管理与运营中都是股权分配时需要考虑的关键因素。因此股东协商决定分出合理的股权给予投资人也是非常实用的一种手段。

股权分配本身并没有严格的规定，拥有更多股权的人，在拥有更多利润的同时，也要为公司承担更多的责任。没有一种算法能一次性分配出完美的股权比例，在增资后计算股权时，股东之间应多多协商，拟定适合自己企业的计算方式。

第69问　长期股权投资到底难在哪里？

前不久我接到朋友电话，对方说没有很好的投资途径，准备做长期股权投资，问我怎么样。我提醒他要做好心理准备。很多人都觉得长期股权投资似乎是件一劳永逸的事，实则不然。长期股权投资就像一场马拉松，路程遥远不说，当气喘吁吁地跑到终点时，也不见得就能获得奖杯。

所谓长期股权投资，就是用投资的方式获得被投资单位的股权，并长期持有。长期股权投资是利益与风险的并存体，我们通过长期股权投资获得相应的利益，同时也要承担相应的风险。在企业盈利的情况下，可以通过分得利润或股份红利得到应得的收益，而一旦企业的盈利变低或濒临破产，投资人也需要承担作为股东所需承担的投资损失。

做长期股权投资的难点有很多，经常遇到的有以下几点。

1. 盲目投资

很多时候，投资方（企业或个人）在未能完全了解被投资单位的实际运营状况下便决定投资。仅仅以能否为投资企业带来低廉的物资为审核标准，投资流程缺少专业有效的审核环节。这样盲目、冲动的投资极易为投资企业带来损失。

2. 报告方案不完善

被投资方给出的投资方案及可行性报告不完善，内容偏向于让投资方出资的环节。而投资方前期调查不足，后期方案难以完善，财务分析也不透彻，等等。这样一来，模糊的方案规划会让投资方在无形中增大投资的风险。

3. 调查不详细

多数情况下，投资企业为尽快调查好被投资企业的状况，将调查的相关事宜委托给中介机构。而中介机构出于自身利益考量，会尽可能地促成此次投资，将一些被修辞后的关键信息呈献给投资方。当然，我们不排除一些企业会自主进行调查，但由于其内部少有专家、顾问，因此多数调查也都是草草了事。这种过于形式化、缺少针对性、对被投资单位提供的信息不抱怀疑态度的调查，使调查结果并无实质性的意义。

4. 投资企业决策失误

投资方高层人员的情绪化容易导致投资的失误。由于一些企业的决策权和话语权仅掌握在少数人手中，有重大决策时缺乏集体性的研究和探讨，具有决策权的管理人员仅凭个人喜好冲动投资。这样的情况是十分常见的。一旦企业负责人决策失误，将给企业带来无法挽回的投资损失。

5. 无法即时交易

长期股权交易困难，无法像股票投资一样随时交易。投资方一旦投资，成为被投资方的股东，就应依据所持股份份额享有相关的股东权益，同时承担相应的义务，并且不能随意抽回投资资金。

6. 缺乏风控

多数投资项目的协议都是按照双方协定的章程决定的，没有专业人士的参与和监督，随意用网络上的范本改一两点就签订，未能根据双方企业的特殊性进行有针对性的风险防控管理。

7. 自身企业制度不全

没能建立全面的投资管理体制和计划，做长期股权投资后，管理方面的不足极易暴露，且短时间内无法弥补。

8. 项目跟踪不足

部分企业在投资后对被投资企业少有管理，不能在被投资企业需要做重大决策时提供相应的意见。这样缺少后期跟踪和项目评价的后果很严重，投资企业往往在被投资企业已经出现重大损失时，才会意识到这方面的不足。

这里说了这么多长期股权投资的风险和难点，也许你会问："既然风险这么多，我为什么还要做这件事呢？"因为风险蕴藏着机遇，没有任何投资能做到一本万利，只有保持睿智和清醒，把风险降至最低才是王道。正如案例中我的朋友，明知山有虎，偏向虎山行，这也是一种魄力。当然，我还是那句话，投资要有良好的心理素质，要学会把握风险，做好心理准备才行。

第70问 如何了解借款人在非银行金融机构和民间的隐性负债？

某个闲暇日，我接到老家表哥的电话，他让我帮忙参谋一件事。表哥的朋友小王做钢铁生意，由于进了一批货没有及时出货，导致公司资金周转有些困难，想向表哥借30万元临时周转一下，还承诺到时候给的利息不会比银行低。两人私下关系很好，但是表哥对小王的企业了解不多，担心自己借出去的钱要不回来。为了摸一下底，表哥特意去查了小王的征信，并没有查到什么异常记录。这让表哥又心生疑虑，若是小王在银行没有不良记录，那为什么不选择向银行贷款？表哥怀疑小王名下有隐性负债，不敢轻易借款，就给我打电话求助。

借款人的征信看起来没有问题，但是不代表就没有隐性负债。所谓的隐性负债，就是没有在企业的征信和财务报表上显示出来的负债，包括亲朋借款、担保、小额贷款、投资公司、高利贷等，也就是我们常说的民间借贷。由于隐性负债没有正规的材料记录，因此很难判断借款人究竟有没有隐性负债，有多少隐性负债。想要查清借款人是否有隐性负债，可以通过调查，在细节中寻找证据。

1. 查看对方的征信报告

征信报告没有不良记录并不代表就一定无迹可寻。可以查看借款人查询征信报告的频率并查明原因，再查看企业每个月贷款的还款情况及贷款余额的变动。还有一点，就是看银行贷款放款机构的变化，是不是由大银行转到了村镇小银行。这样可以初步看到借款人的企业运营状况，更有利于后期寻找其他的方式。

2. 查看对方的银行流水

很多人可能认为既然征信报告都查不出，银行流水有用吗？事实上，民间借贷是很少收、放"零钱"的。首先查看一下是否存在来路不明的大笔资金，一旦出现无法核实来源的资金，很可能就是民间借贷的本金。其次查看是否每隔一段时间就会发生规律性的大额资金流出，尤其是网银，因为导入网银时，备注通常会显示还款。

当交易对象中出现投资、典当、拍卖、小贷、民间、商务、租赁、资产管理等名称时要格外注意。查看一下企业贷款的利息情况，再对比借款人企业的净收入。如果入不敷出，民间借贷的可能性就增大了许多。

3. 查看对方的起诉信息

查看借款人是否因民间借贷纠纷发生过诉讼事件。如果发生过此类事件，那么借款的风险无疑会增大许多。

4. 查看对方资产变动情况

首先查看借款人提供的房产证、土地证、车辆证等。如果借款人拒绝提供原件，或者原件上有抵押贷款记录，在银行却没有查到相关记录，那么民间借贷的可能性就非常大了。

5. 走访对方的亲戚朋友

可以从对方亲戚朋友那儿打听一下借款人的现状，如果有可能，与借款人企业的财务人员多聊聊企业现状，再结合市场发展和借款人企业经营状况进行分析。借款人如果有民间借贷行为，一定能够发现一些蛛丝马迹。

6. 打听民间信贷机构相关信息

各地的信贷机构都拥有自己的一个小圈子，在这个小圈子里，几乎各个机构都互相熟识，甚至会有部分信息共享，特别是黑名单系统。如果借款人在圈子内的机构借款，必定会有所记录，以免造成多机构借款潜逃的情况。

隐性负债是个人十分隐私的行为，但是细微之处见真章，多用心观察对方的言谈举止，多走访一些相关人员，如果对方真的有隐藏债务行为，总能发现一些蛛丝马迹。毕竟，是狐狸，尾巴总会露出来的。

第71问　长期股权投资的成本法与权益法有何区别？

我的学员王总开了一家纺织品工厂，由于近年来原材料市场行情波动太大，导致王总的工厂盈利越来越不稳定。在听了我讲的关于长期股权投资的课程后，王总决定寻找一家原材料供应企业进行长期股权投资。

经过一番认真挑选后，王总选定了当地一家中型的原材料供应企业进行投资。按照协议，王总投资后将拥有这家企业25%的股权，成为这个原材料供应企业的第三大股东。不仅如此，该企业还承诺王总，在王总的企业购买原材料时，王总可以以低于市场价的价格购买到自己工厂所需的原材料。与此同时，由于这个原材料供应企业的合伙人是一对亲兄弟，该企业希望王总不要参与企业的重大决策，只拿取相应的投资收益。

那么，王总在这次长期股权投资后，核算长期股权时应该使用什么方法呢？下面来详细介绍一下。

长期股权的核算方法有两种：成本法和权益法。这两种核算方法的区别如图 6-1 所示。

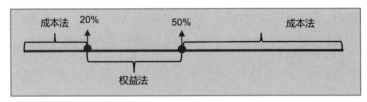

图 6-1　长期股权的两种核算方法

1. 核算范围

在图 6-1 中，当投资方占股比例在 20%~50% 时，投资方对于被投资方拥有共同控制权或重大决策影响，应当使用权益法计算，即联营或合营。

其他的比例，如出资比例在 50% 以上（投资方能够对被投资方实施共同控制）或 20% 以下（投资方不能对被投资方实施共同控制），都要采用成本法计算。企业对子公司的长期股权投资也应当采用成本法计算。

2. 核算方法

对于成本法和权益法的计算方法，多数资料都写得过于复杂，大多有很多会计专用术语掺杂其中，十分晦涩难懂。在此我为大家简单地分析一下，将最实用的部分分拣出来，供大家学习和参考。

成本法的计算，可以简单地理解为收付实现制，即不管被投资企业是盈利还是亏损，我们只有在被投资企业将发股利时才能确认自己的收益。并且，在长期股权投资的账面上，只要没有增加或减少投资，一般情况下账面不会发生调整。

而权益法的计算,可以看成是权责发生制。也就是说,被投资企业如果年终有了利润,不管企业是不是要分这部分利润,投资方都可以按照自己所占的股权比例确定自己的投资收益,并调整自己长期股权投资的相应账面,反之亦然。

在被投资企业有分红行为时,被投资企业的资金从公司流向了股东。这时,被投资企业的净资产值就会减少。然而,权益法的本质是要反映投资方在被投资企业所占有份额的价值,一旦被投资企业的净资产减少了,那投资人所拥有的份额也会相应减少。而在会计合并报表时,一般都用成本法作为基础(要纳入合并报表这个范围的,一般都要在对被投资企业实施控制的情况下),这时是要选用成本法的。

让我们回到最初的问题,王总在被投资的企业占股比例是25%,一般情况下应采用权益法来计算。但由于经过协商,王总对被投资企业并不具备共同控制权和重要决策的参与权,因此王总这次的长期股权投资将以成本法来计算。

第72问 公司说如果上市,员工可以持股,那员工买不买?

我有一个高中同学,大学毕业后在广东一家生产食品、调味品的企业里做了三年,因能力出众,被领导委以重任,负责售后部门。传统行业工作时间较长,每天处理的事务也比较烦琐,我这位同学觉得自己志不在此,准备辞职。正当他琢磨辞职报告的措辞时,老板告诉他企业迟早要上市,到时会给员工持股,但是他觉得老板只是说说而已,不足为信,还是坚持走人。

> 时隔两年,这家调味品企业顺利上市,企业中上层员工果然均有持股,身家少则上百万,多则几千万。我这位同学虽然现在也事业有成,但总归有些后悔,每次与我聊起当年之事,就长吁短叹,只恨自己年轻气盛、错失良机。

拥有原始股,确实可能会一夜暴富。就像我这位高中同学,如果当初持股,那么如今也跨入千万富翁行列了。但是世事难料,并不是每个企业都能顺利上市,也不是每位老板都能信守承诺。对于发展前景不错的公司,股权就是块诱人的蛋糕,如果公司员工能获得公司股权,无疑是一个改善财务状况的好机会。但是如果公司股权定价很高,那员工买还是不买呢?

员工持股是指员工自行出资购买公司股权,获得相应的股东权益。一般来说,上市公司因为已经有了股票价格,所以可以在购买时进行参考,而非上市公司的股票价格全凭公司而定。有的非上市公司会将部分股票以1元的价格转让给员工,其实相当于白白送出,购入这类股票无须花费太高,而且可能还会得到很大的回报。但不是所有公司都如此"大方",有的公司会让员工以更高的价格购入股票。没有股市的股价作为参考,我们可以通过公司的财务状况,推算出每股净资产,从而判断股价是否合理,再根据市场前景来决定是否购买、购买多少。这看似是投资行为,实际上也是一种博弈。然而购置股票的机会毕竟难得,这样一个潜在的"致富"机会任谁都很难放弃。

对于股权本身,还要注意员工所持股份是期权还是股权,这两者看上去相似,实际意义却相去甚远。期权与期货类似,到期才可拥有,且不一定是股权;股权可以即时拥有,且与股东权益挂钩。在京东、优酷等众多互联网公司中,有很多员工在公司上市之前,主动放弃期权套现的权利,可见期权有极高的不确定性。

如果员工所持股份是股权,间接持股与直接持股也不同,这两者各有利弊。对于持股人来说,直接持股的操作相对简单,员工的税负较低,但是持股人员对员工的制约相对较弱，管理麻烦，而且非高管级别的员工较难拥有直接持股的股份。间接持股对员工的制约相对较强，便于管理，但是员工承担的税务成本较高，套现流程较为烦琐。

除了股权本身，公司的经营状况也不能忽视，首要因素就是公司上市的地点，这直接关系到股票价格与公司未来的发展。例如，一家主营海外业务的公司如果在境外上市，股票价格与未来发展会更高、更好；如果在境内上市，那么不仅股票价格很难达到预期，对公司的发展也极为不利，有可能会导致股票的价格持续低迷。

除了上市地点外，还要合理评估公司的未来发展，公司的发展直接决定了股票的收益。当初购买了阿里巴巴、腾讯、百度股票的员工都身价倍增，主要得益于这些企业的飞速发展。因此，只有发展前景广阔的公司，才能让持股人有致富的可能。

不要对期权抱有不切实际的幻想，对于股权也是如此。企业上市前夕，在面临买不买股权的问题上，一定要保持理智，切勿感情用事。

第73问　如何判断一个股权众筹项目是否靠谱？

> 2018年3月的一天，我接到一个朋友的电话。在电话里，朋友兴奋地说，他在京东股权众筹平台上发现了一个好项目，看起来很靠谱，让我给他参谋一下，是否可以参股。

随着股权众筹逐渐走进大众生活，很多人都抱着尝试一下或一夜暴富的心态去参与这项新鲜事物。但是，任何投资都存在风险，股权众筹也一样。号称长沙最大的众筹餐厅印象湘江，最终以倒闭收场，93个股东众筹的100万元本金也瞬间化为泡影。北京的Her Coffee不到一年濒临倒闭，66位投资人的

132万元众筹款也就此打了水漂。事实上,这些并非个案,众筹失败的案例在股权投资界比比皆是。

那么身为投资人,怎样才能具备火眼金睛,在众多的项目中找到一个靠谱的项目呢?我建议大家从以下五个角度进行考量。

1. 众筹平台

想要寻找一个靠谱的项目,首先应该找一个靠谱的平台。平台的资质和信用至关重要,自身可靠才能提供完善的投后服务。像京东、淘宝、苏宁、百度等众筹平台,都是国内相对成熟,且有较高知名度和信任度的平台。

2. 创业团队

当我们看到一个不错的项目时,一定要看一下这个项目的创业团队。正所谓"天时不如地利,地利不如人和","人"才是一件事情成功的关键。

如果在选择项目时,你看到了一个让你眼前一亮的创意项目,深入了解后却觉得这个项目的团队非常不靠谱,经常出现违约现象或半数以上都是没有任何经验的新人,那么这个项目绝不能称为好的项目。

负责人能力的高低往往关系到一个项目的好坏,包括创业团队的诚信度、相关行业经验、团队的团结性,以及对工作负责人的安排的合理性等,都是衡量一个团队是否可靠的重要因素。

3. 项目的发展前景

项目具体要做什么,属于什么行业,以及这个行业的市场行情如何,这些也是我们要观察的因素。简单地说,就是这个行业是否有发展前景,你要投资的当下是否还是这个行业的"创业时机"。

有人说"选择决定成功",我觉得这句话很有道理,在选择一个项目时,认真权衡这个项目的发展前景及未来的发展方向是至关重要的。一个项目是否能够顺利启动,是否能在这个竞争激烈的大市场中存活下来,都与这个行业发展前景的好坏息息相关。一个靠谱的项目必须是一个有行业前景的项目。

4. 领投人和领投机构

关于股权众筹，目前比较多的是采用"领投+跟投"的模式。领投人如果看好项目，就会投入较多的资金，用来体现他看好这个项目。这样的项目可靠程度就会比较高。如果是知名 VC 看好的项目，那可靠程度就会更大一些。

当然，就算是知名领投人和 VC 也一样会有很多投资失败的项目，成功的项目需要靠大量的宣传来提高自己的知名度和证明自己的实力。

在这样的大环境下，我们更要冷静判断，分析领投人和领投机构的成功率，以此来判断这个项目的靠谱程度。

5. 权益保障和退出机制

这一点比较困难，股权众筹的退出渠道一般有公司溢价回购、并购、股东之间互相转让和上市等。我们重点要看的是相关的权益保障方面，领投人和平台的投后管理与跟进是一个项目成功的关键点。跟投以后获悉目标企业的财务状况、运营状况及发展方向，也是身为投资人很重要的一项权益保障。如果能给到相关的知情权保障，那么这个项目相对来说就会比较靠谱。

总之，看似风光无限的股权众筹，在背后也隐藏着巨大的风险。只有每一个投资者都具备一双"火眼金睛"，才有可能在众多项目中选到潜力股。

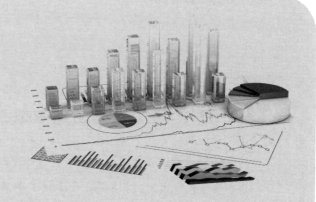

第 7 章

夫妻股权：清官难断家务事，但一定要明断夫妻股权关系

夫妻创业，是同舟共济，还是同室操戈？既是情感的考验，又是利益的博弈。夫妻股权，始于信任，止于猜疑。当夫妻感情剑拔弩张时，股权关系自然也变得错综复杂。此时，感性已无济于事，唯有保持合理合法的沟通，才是问题的解决之道。

第74问 股东将公司财产和家庭财产混在一起怎么办？

小李是我发小，也是行内小有名气的律师，主要负责离婚纠纷、经济纠纷等民事案件。半年前，小李接了个案子，案件委托人赵总是一家塑料包装厂的老总，准备起诉公司客户王总。王总是某家零食加工厂的老板，两个人合作几年，一直比较愉快。2016年年初，王总以资金周转不开为由，第一次拖欠了赵总的货款。秉着多年合作的情谊，赵总并没有急于收回货款。但在之后的一年中，王总以经营状况不好及资金周转不畅等理由多次拖欠货款，直至2017年8月，王总的公司拖欠货款已达到160万元。

起诉后，法院判决王总归还欠款160万元，以及期间产生的利息。但是没想到王总依然拒不还款，赵总无奈之下申请由法院强制执行。经法院调查，王总的公司的确已经不具备还款条件。王总的公司属于一人有限责任公司，股东只有王总一人，并没有其他股东一同承担赔偿责任。

最后，小李在取证时发现，王总向赵总支付货款时，经常使用个人账户支付，并且，小李还收集到相关证据，指出王总的公司财产状况混乱，经常被其用作私人用途。此种状况已经属于公司财产与家庭财产混同。在这种情况下，法院判决王总应为其债务承担无限责任，最后，王总拿出家庭财产偿还了赵总的货款及利息。

很多一人有限责任公司都会出现王总这种情况，由于公司股东仅有一人，公司财产与家庭财产很难分清。一旦发生需要紧急支付的款项，很多股东就会用自己的个人账户进行收付款转账，更有甚者会将企业资产用作个人的家庭支出。在这种情况下，公司财产与家庭财产就会不可避免地发生混同。

而这种情况对公司和股东都将造成严重的影响。作为有限责任公司的股东，是以自己所认缴的出资额为上限承担有限责任的，公司则是以其全部的财产对公司运营期间形成的债务承担责任。而公司一旦只有一名股东，由于无法形成有效的监督、管理和约束机制，股东很容易以自己的身份混淆公司财产与家庭财产。

为了减少此类情况的发生，《公司法》为此制定了极其严格的财务和追责制度。一旦股东无法明确证明自己的家庭财产与公司的财产是独立分开的，就要承担相应的责任。也就是说，当公司财产与家庭财产混同，在对债权人承担债务责任时，法院就有理由认为该公司并不具备有限责任公司的法人地位，需承担无限责任。

企业公私分明，才能行稳致远。知名作家刘墉在《人生百忌》中写道：人生百忌，忌公私不分。生活中，那些公私不分者，往往缺少原则，不能明辨是非。这类人假如身为公司领导人，在财务上，容易混淆家庭财产和公司财产；在管理上，往往没有清晰的规章制度。正如案例中的王总，公司账务如此混乱，公司管理上的混乱也由此可见一斑。

第75问　夫妻之间转让股权还需要缴税吗？

在我的培训课堂上有很多夫妻学员，阿成和阿娟就是这种情况。阿成于2011年与妻子阿娟、弟弟小壮成立了一家公司，公司注册资本为100万元，由三人分别认缴。阿成出资35万元占股35%，阿娟出资30万元占股30%，小壮出资35万元占股35%。

两年后，由于宝宝的出生，阿娟希望自己能专心陪伴孩子成长，决定彻底退出公司的运营管理，并计划将自己所持的30%股权全部转让给阿成。

但是，阿娟不清楚夫妻之间的股权转让是否需要缴税，身边又找不到合适的人商量，阿娟的股权转让想法就迟迟没有和阿成提起。

阿娟认为，阿成与小壮的占股比例相同，只要不发生分歧，是否转让自己这部分股权并没有任何影响。何况如果要缴很多的税，这次股权转让就会给自己带来额外的支出，因此阿娟认为并没有什么必要。但正因为如此，如果不把股权转让给阿成，阿成和小壮的股权占比始终是一样的。一旦两人在决策上发生分歧，最终的决策权很可能会落在阿娟身上，而阿娟已不想再参与公司的管理了。

阿娟对此十分为难，最后想到了向我咨询。

夫妻之间转让股权需要缴税吗？其实，这个问题我曾为很多人解答过。

众所周知，夫妻之间自登记结婚起，就已成为法律意义上的直系亲属，而直系亲属之间发生转让股权的行为时，根据相关规定不需要缴纳营业税，但需要缴纳印花税和 20% 的个人所得税。

夫妻之间在双方为直系亲属的同时，又多出一项夫妻共有财产的先决条件。夫妻之间无偿转让股权时，如果该股权属于夫妻共有财产则不需要缴税。

所以，根据阿娟的情况，我建议她先将自己的股权确认成夫妻共有财产再进行转让。这样一来阿娟的担心也就不再是问题了。

第76问 擅自转让属于夫妻共同财产的股权，具有法律效力吗？

2015 年，刘总和妻子赵女士共同出资 50 万元，创办了一家贸易公司，公司登记法人是刘总和刘总的表哥二人，实际上是由刘总占股

70%，妻子赵女士占股30%。公司成立后，赵女士因忙于家事，并未实际参与到公司管理中。

2016年年初，刘总和妻子感情出现问题，刘总提出分居三个月，如果在分居期间两人依旧未能解决矛盾，则协议离婚。由于公司股份属于夫妻两人的共有财产，一旦离婚，刘总就需要将自己在公司中所占的股权分出一些给妻子赵女士。

分居后，刘总认为妻子除了最开始的出资外，两年来并未给公司带来任何实质性的贡献，因而不想在离婚后将股权分给妻子。于是刘总找到表哥商议，将自己名下的70%股权全数转让给表哥，转让款为7万元。刘总的表哥在明知二人已经出现感情问题的情况下，依然与刘总签订了股权转让协议。

赵女士在得知此事后十分愤怒，一纸诉状将刘总告上法庭，要求法院确认该股权转让协议无效。最终，法院支持赵女士的诉讼，判决刘总和表哥的转让协议无效。

从这个案例中可以看到，刘总的表哥在明知刘总与妻子感情出现问题的情况下，依旧与刘总用十分不合理的价格签署了股权转让协议。这种行为明显侵犯了赵女士的合法权益，属于不正当取得，刘总与他表哥的协议无法受到法律的保护。

《最高人民法院关于贯彻执行〈中华人民共和国民法通则〉若干问题的意见（试行）》第八十九条规定："共同共有人对共有财产享有共同的权利，承担共同的义务。在共同共有关系存续期间，部分共有人擅自处分共有财产的，一般认定无效。但第三人善意、有偿取得该财产的，应当维护第三人的合法权益；对其他共有人的损失，由擅自处分共有财产的人赔偿。"

让我们来解读一下这条规定，擅自转让夫妻的共有股权这项行为是否有效的主要决定因素有两个：善意和有偿。

1. 善意

善意主要是指，接受股权的一方对股权属于夫妻共有财产并不知情，更没有与擅自转让方有任何不可告人的协定，这样的情况即属于"善意"。如果接受股权的一方明知道被转让的股权是夫妻共有财产，并且此次转让并非夫妻双方协定后转让，依然接受转让，那这次接受转让的行为就是"非善意"的。

2. 有偿

这里说的有偿当然不是指支付任意金额都可以，这个价位一定要是合理的，符合市场规范的。举个例子，如果一部手机售价 5 800 元，成本价格为 4 000 元，你以 5 500 元买到，虽然低于市场价格，但是远高于成本价格，属于合理价格范围内成交。但如果这部手机被你以 100 元的价格买下，远远低于手机的成本价格，这显然十分不合理。以这样不合理的价格接受股权转让，显然侵犯了夫妻二人中对股权转让不知情一方的利益，不能视为有偿取得。

也就是说，并非所有的擅自转让都无法生效，在同时符合"善意"和"有偿"的情况下，擅自转让股权的行为是可以生效的。

让我们再次回到案例中，刘总与他表哥的转让协议既不能属于"善意"，又不能算是"有偿"。两人的转让协议最终的目的是转移夫妻的共有财产，以达到"离婚不分股"的目的。这样的做法已经触犯了道德底线，不管是从法律上还是从道德上，两人的所作所为都无法得到支持。

第77问 夫妻一方婚前持有的股权，婚后产生的收益是否为夫妻共同财产？

郭总常年在外经商，与妻子冯女士聚少离多，两人感情日渐冷淡，准备结束这段婚姻。在财产分配上，两人出现矛盾。第一个矛盾：郭总在婚前持有国内某家公司的股权，婚后郭总与美国一家公司签订《股份置换协议》，取得美国某公司 50 万股股票，后来这家公司宣布每一份普通股新增两股，也就是说，郭总持有普通股 150 万股。郭总认为这 150 万股是自己的个人财产，但是冯女士认为，《股份置换协议》是在婚后签订的，应属于夫妻双方共同财产。第二个矛盾：郭总婚前持有 25 万股股票，婚后因忙于事业，疏于理财，一直没有操作。离婚时股票市值 40 万元，郭总认为这个股票增值属于个人财产，而冯女士认为也应当属于共同财产。

那么，夫妻一方婚前持有的股权，婚后产生的收益是否为夫妻共同财产呢？

先看看我国现有法律是如何规定的。《最高人民法院关于适用〈中华人民共和国婚姻法〉若干问题的解释（二）》第十一条规定：婚姻关系存续期间，一方以个人财产投资取得的收益属于夫妻共同财产。《最高人民法院关于适用〈中华人民共和国婚姻法〉若干问题的解释（三）》中又做了进一步的规定：夫妻一方个人财产婚后取得的利息和自然增值归一方所有。

二者乍看似乎前后矛盾，其实不然。关键在于如何区分收益和自然增值。

收益是个人或企业通过投资参与经营活动获得的报酬，而自然增值是不需要人为操作而自然增加的价值。

在明确二者的概念之后，让我们将目光再转回郭总和冯女士身上，将上述问题分两方面进行解读。

1. 关于郭总的 150 万股普通股

郭总婚前持有国内公司的股权，属于婚前财产，但是在婚姻存续期间，有转让股权及取得美国某公司股票的行为。股票市值的增值变化并非完全取决于资本市场，与郭总人为操作有极大关系。因此股票增值部分应该属于夫妻共同财产。

2. 关于郭总的 40 万元股票市值

郭总婚前持有 25 万股股票，在婚姻存续期间，没有进行人为操作，最后市值是 40 万元，属于自然增值，因此应算作个人财产，不能纳入夫妻共同财产范畴。

夫妻一方婚前持有的股权，婚后产生的收益到底是否为夫妻共同财产？这个问题在现实生活中，解决起来也许情况会更复杂。最后，我们参考一下最高人民法院倾向的意见：一方婚前购买的股权、基金等，如果在婚姻关系存续期间有过交易行为，那么获得的收益认定为夫妻共同财产；如果在这期间没有交易操作，那么离婚时的账面收益更倾向于自然增值，属于个人财产。

第78问 夫妻店的股权如何设计比较合理？

2016 年，我获得了中国（股权激励领域）品牌领军荣誉称号。获奖当天，我就收到朋友陈总快递来的一束鲜花和一张贺卡。

与陈总相识，缘于早年的一次采访。陈总当时是一家报社的资深记者，奉命对我进行一次专访。在采访过程中，我俩兴趣相投，相谈甚欢。后来陈总辞职经商，与夫人共同创办了一家图书公司。公司创立之初，两人在股权分配和经营理念上偶有出入，时常闹些小矛盾，我多次从中调解。后来，夫妻两人齐心协力，把公司打理得如日中天，在行业内小有名气。

夫妻合伙创业，股权分配确实是个既复杂又尴尬的问题，如何处理才会比较合理，又不会伤害感情呢？

《中华人民共和国婚姻法》规定，在婚姻关系存续期间，夫妻双方所有的收入都属于夫妻共同财产。也就是说，在夫妻合伙企业中，即便丈夫占股

70%，甚至占股达到100%，如果离婚要分割财产的话，妻子也能获得50%的收益。

除非两人有特殊约定，例如，丈夫或妻子确实想多占一些股份，那么除了在公司章程中做明确规定外，双方还需要签订一份关于财产的书面协议，写明公司股权比例就是个人名下财产，这类似于婚前财产公证。这样的股权实际比例就能获得法律保护。但是，这样的情况在中国甚少，也容易成为双方心里的疙瘩。

夫妻创业，感情是首要，股权设计是其次。当夫妻二人相互扶持，同心协力时，股权怎么设计都是合理的。在商界就有很多模范夫妻，事业上"攻城略地"，感情上如胶似漆，谱写出一段段动人的美丽神话。

> "爱她就把股权都给她"，用实际行动说出如此豪言壮语的，是汉鼎宇佑集团董事长王麒诚。这位曾荣获中国杰出青年企业家、胡润百富中国青年领袖的汉鼎股份创办人，并未直接持股，其妻子吴艳是公司的第一大股东。
>
> 无独有偶，黄自伟将自己在尤洛卡的全部股份尽数交于自己的妻子王景华，没有为自己留下一股。

这些成功案例说明，夫妻合伙创业，最终是否能把企业做好，股权比例的多少并不是主要因素。

夫妻间但凡出现股权之争，必定是感情面临破裂。此时，再合理的股权结构都无济于事。

那么，夫妻店的股权设计到底怎样才是合理的呢？曾有业内人士对中小企业板上市的17个夫妻合伙企业进行统计，发现夫妻双方持有比例相当的仅有1对；持有比例相差20%以下的有7对，持有比例相差20%以上的夫妻则有9对。而持股比例多少主要取决于创业期间的主导地位。由此可见，夫妻间的股权该如何设计,并没有一个标准答案。企业由谁主导,谁的持股比例就高,这大概是比较理想的股权设计方式。

第79问　夫妻间的转让协议如何签订才有效?

> 2015年,张总和两位朋友一起创办了一家科技公司。张总负责销售,占股30%。公司经过两三年的发展,逐渐走上正轨。2018年,张总感觉身体疲乏,对于公司业务力不从心,考虑到妻子刘女士销售能力出众,于是把自己持有的30%股权转让给了妻子,并打算签订股权转让协议后,就到工商局做变更。张总的两位朋友得知此事后,不同意股权转让协议,认为转让行为无效。双方产生矛盾,最终诉至法院,法院判定张总和妻子的股权转让协议无效。

在现实中,我们也经常看到这样的矛盾发生,那么,夫妻间的转让协议如何制订才有效呢?下面就来详细讲讲操作步骤,只有按章程办事,夫妻间的转让协议才能被认定为有效。

1. 半数股东同意

夫妻双方的股权转让行为应征求其他股东的意见,并获得其他股东过半数同意。征求意见可以通过书面形式,也可以通过召开股东会的方式进行。

如果半数股东都同意了,是否就能转让了?也不尽然,这又涉及优先购买权的概念。

2. 其他股东放弃优先购买权

除非是股份有限公司,否则在其他性质的公司里,即使股东们都同意转让股权了,但是在同等条件下,公司其他股东享有优先购买权。也就是说,这里还有个先来后到的规则。公司是股东们创立的，如果一个股东想转让股权，那么其他股东便有优先购买权。案例中的张总要转让股权，并不能按他本人的意愿，想转让给妻子就转让给妻子，而是要按照法规，首先得看他的两位朋友想不想购买，如果两位朋友想购买这个股权，那么刘女士就得出局。

夫妻双方的股权转让协议在没有违反强制性规定的情况下，经过其他股东的同意，而其他股东也明确放弃优先购买权，那么股东们可以协议修改公司章程，并办理转让股权变更登记。这也意味着股权转让合法有效，夫妻中的另一方能够依法获得公司的股权，享有股东资格。

股权既具有财产性也具有人身性，这种特殊性决定了股权的转让不能像一般意义上的财产一样随意处置，而是需要遵循一定的程序。合伙创办的公司，各股东之间往往相互依赖，如果随意转让股权，必定会影响股东之间的信任和合作，也会引起公司决策、管理的变动，不利于公司稳定发展。

案例中的张总在做出股权转让决定前，如果能与两位朋友一起商量，事先征得他们的同意，那么，事情也许就不会发展到对簿公堂的地步了。

第80问 离婚分割股权有哪些方式？

2017 年 10 月，唐德影视公司二股东赵健与陈蓉解除婚姻关系，赵健将原来持有的 3 202.2 万股分割了 1 921.32 万股给陈蓉，从占股 8.01% 变成占股 3.2%。

2017 年 1 月，一心堂公司控股股东阮鸿献、刘琼二人解除婚姻关系。两人按照各自持股比例进行了股权分割，阮鸿献持有一心堂 17 568 万股，占股 33.75%，刘琼持有一心堂 9 564.8 万股，占股 18.37%。

2017 年 1 月，梦洁公司发布公告，公司实控人、董事长姜天武与伍静女士签署离婚协议，持有梦洁公司 55 亿股的姜天武将 1.27 亿股分割至伍静名下。财产分割后，姜天武持股比例降至 18.67%。

随着国内资本市场越来越开放，现在离婚案中关于股权分割的问题越来越多。那么，夫妻离婚分割股权有哪些方式呢？

1. 直接转让

股权和其他财产不同，它具有特殊性，因为股权的财产分割不仅涉及《中华人民共和国婚姻法》，还涉及《公司法》。

前面讲过，非股份有限公司夫妻分割股权时，需要召开股东会议，并且须获得过半数股东同意，不同意转让的股东需自己购买转让的股份。作为受让方的夫妻一方，必须符合公司章程中所规定的条件。

股份有限公司内部股东没有优先购买权，因此可以不用股东投票同意分割。根据《最高人民法院关于适用〈中华人民共和国婚姻法〉若干问题的解释（二）》第十五条的相关规定："夫妻双方分割共同财产中的股票、债券、投资基金份额等有价证券及未上市股份有限公司股份时，协商不成或者按市价分配有困难的，人民法院可以根据数量按比例分配。"因此，夫妻双方协商一致后，就可以直接转让股权了。

直接转让的方式不需要进行公司总资产的审计，也无须评估夫妻共有的股权机制，转让操作十分便捷，这是直接转让股权的最大优点。但是受诸多条件制约，在现实中难以实施。

2. 作价补偿

作价补偿就是股权仍归原持股人一方所有，但是持股一方应分割的股份折价后，须以货币方式支付给另一方。通俗地讲，就是说离婚分钱不分股。如果持股一方是在婚前出资入股的股权，那么配偶只能获得婚后收益分红部分和股份增值收益部分。

例如，有一对夫妻2015年登记结婚，丈夫在2014年出资50万元入股一家公司，之后于2016年获得分红40万元，2017年获得分红50万元。如果夫妻离婚，那么2016年与2017年股权分红所得的90万元就是夫妻共同财产，可以进行分配。如果截至离婚时股份增值20万元，那么这20万元也属于共同财产，可以进行分配。而丈夫的股权不可以进行分配。

作价补偿涉及公司债权、债务、净资产的审计和股权的评估。持股人可以委托中介机构，使分割更加精准、公平，也可以根据公司业绩自行估算。现实中大部分夫妻都是协商决定补偿额度的。

3. 拍卖分割

如果一方持有的是有限责任公司的股份，而夫妻离婚时，双方都不想再继续持有这些股份，那么可以将其拍卖再其对进行财产分割。此类拍卖也必须依照《公司法》的相关规定进行。首先通知公司其他股东作为竞买人参加拍卖会，如果没有股东参加，或者参加的股东没有买定，那么，夫妻双方对拍卖价款进行平均分割。

股权分割纵然复杂，但比这更复杂的是人心。太多的夫妻熬过了创业的艰辛，却熬不过事业有成后的富贵。更有甚者，一纸诉状就葬送了曾经携手走过的所有美好时光，不禁令人唏嘘。

第81问 老公让我拿嫁妆钱买他们公司的原始股，可行吗？

在一次同学聚会上，我遇到了中学时期的同桌小敏。吃饭时我们聊起各自的现状，得知我现在从事股权激励方面的培训咨询工作，小敏便跟我倾诉她遇到的烦心事。

原来，小敏的老公小罗是位IT工程师，在一家信息技术有限公司上班，小罗很受公司老板的器重，老板希望他出些钱购买公司的原始股。按照老板的说法，不是每个人都有资格购买原始股，小罗是个IT人才，公司希望小罗能长期留在公司，负责技术研发这块业务，协助公司上市。等过两年公司上市了，手里的原始股就值钱了。

小罗被老板说动了心，因为夫妻二人的积蓄不多，小罗希望小敏拿出娘家给的嫁妆钱买他们公司的原始股。小敏心里有点不乐意，他们的的宝宝就快要出生了，她原本计划拿这些钱换一套大点的房子，但她又担心万一公司真的上市了，老公以后会埋怨她。小敏对股权一窍不通，也找不到人商量，这些日子一直为此事烦心不已。正好碰到我了，希望我给她出个主意。

对于普通家庭来说，拿出买房子的钱来入股，确实是一件大事，不得不谨慎行事，那么我这个同学该不该把嫁妆钱拿出来给她老公买公司的原始股呢？

首先，小敏夫妻俩应该先了解一下小罗公司的规模及业绩，把基本情况了解清楚，不能只听老板一面之词。公司上市并不容易，需要具备很多条件，绝不是嘴上说说就能一蹴而就的。如果有可能，我建议小敏向小罗公司的财务人员打听一下公司的盈亏状况，这是最直接、最可靠的方式。小敏也可以上网搜索这家公司的发展史、客户信息等，从侧面了解公司的发展潜力及前景。如果身边正好有做投资的朋友，可以介绍朋友出资入股，如果他们觉得这个项目不够好，不愿意投资，那么基本可以断定这个公司上市的可能性不大，也不值得投资。

其次，经过考察后，如果觉得公司有发展潜力，小罗可以通过与老板沟通，表明自己很愿意为公司做贡献，但是因为自身经济实力不足，希望公司换种激励方式。例如，像小罗这样的技术人员入股，可以采用"期权＋技术入股"的形式，低价买些公司期权。这样一方面能减轻家庭经济压力，另一方面也能表明自己留在公司的决心。

老板想让员工入股公司，无非就是想留住员工。如果员工推心置腹地与老板表明困难和决心，相信老板也能理解，并做出相应调整。

最后，一般合理的股权投资应该控制在个人资本的 10% 左右，在投资原始股时也应当量力而行。对于一个普通家庭来说，如果入股的资金太多，甚至盲目拿出全部积蓄去买公司原始股的话，风险太大，一旦本金亏损，会对整个家庭产生十分重大的影响。因此，不能把鸡蛋都放在一个篮子里，要有防范危险的意识。

综上所述，从股权理财角度来看，把大半的家庭财产用来购买公司的原始股，并非明智之举。除非公司实力雄厚，已具备上市条件，否则免谈。

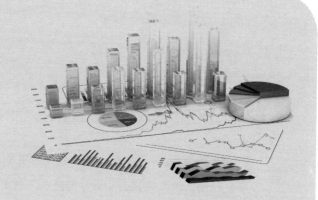

第 8 章

股权转让与继承：合法捍卫你的股权财富

股权不是想转让就能转让的，也不是想继承就能继承的。盲目任性很致命，唯有知法懂法，未雨绸缪，才能合法捍卫股权财富。

第82问 股权转让流程是什么？有哪些注意事项？

> 赵总是我2010年创办华一世纪的首期学员，那时他大学刚毕业，满腹经纶，但在实操上缺乏些经验，导致创业屡次失败。我认识他时，他正处于第三次创业期，研发的一款语音通信产品广受市场好评，公司发展十分迅猛。2015年，赵总的公司融资2 000万元，后又不断扩张，收购了一些相关公司。在此期间，赵总多次给我来信，向我咨询关于股权转让的问题，我一一回信作答。

在现实中，很多创业者都会面临股权转让的各种实务问题，我借着这个机会为大家阐述一下股权转让的具体流程及相关注意事项。

股权转让涉及企业股东变更，或者是股权结构的变化。一般情况下，转让方和受让方都需要做充分准备，并严格按照流程执行，这样才能避免因股权转让导致的纠纷。

①调查分析，召开股东大会。企业在召开股东大会时需要注意，股东之间应认真探讨股权转让的可行性，即本次行为是否有利于公司未来的长远发展，并查清目标公司的资产情况、具体股权结构、债务情况、是否有偷税漏税等具体情况。

②聘请专业人员进行尽职调查。作为受让方的公司应当与出让方一同聘请专业人员调查目标企业的相关状况。其中需要律师、会计、资产评估师等，对应调查目标企业的法律、财务、重要资产等。

③出让、受让双方初步协商谈判。谈判时应注意，股权的转让价格是不能变动的，除此之外，附加条件、付款期限等也不可以有实质性的变化。一旦因此导致其他股东产生异议，或形成"阴阳合同"，可能会被法院判定无效。

④经有关部门批准的出让申请。

⑤资产评估，商议转让价格。由于股权转让存在一定的风险性，建议由专业的事务所给出审计报告，确认股权价格之后再定。

⑥验资报告。国有企业、国有独资有限公司须经过国有资产管理办公室进行立项确认，其他类型的公司在股权转让时可直接到会计师事务所进行验资。

⑦双方召开股东大会，对相应的股权变更形成书面决议。根据《公司法》的相关规定，不同意转让的其他股东，可以行使自己的优先购买权，如果不行使此权利，则视为同意转让。

⑧签订《股权转让合同》。需要注意的是，签订《股权转让合同》并不能表示受让方已成为目标公司的股东，股东名册和工商登记才能确定股东在企业内部的效力及对外身份。因此，在签署《股权转让合同》后，应尽快办理交割手续。

⑨到产权交易中心审理合同及相关文件，并办理股权交割手续。

⑩办理股权变更的相关变更手续。办理公司股东名册变更和工商登记变更都需要目标公司及其他股东的配合，如果目标公司及其他股东拒不配合相关工作，受让方可以提起确认股东资格的诉讼。这种诉讼应当将其他股东和目标公司列为共同被告。

公司股权转让程序，需要到相关部门办理的股权转让流程如下。

①到工商局的办证大厅窗口领取《公司变更登记申请表》。

②到工商局办证大厅办理变更营业执照（填写公司变更表格，加盖公章，整理公司章程修正案、股东会决议、股权转让协议、公司营业执照正副本原件）。

③到质量技术监督局办理变更组织机构代码证（填写企业代码证变更表格，加盖公章，整理公司变更通知书、营业执照副本复印件、企业法人身份证复印

件、老的代码证原件)。

④拿着税务变更通知单到税务局办理变更税务登记证。

股权转让非儿戏,流程注意事项要牢记。有些流程看似简单可忽略,实则意义重大。企业在做股权转让时切莫因小失大,导致股权转让无效。

第83问 大股东不同意小股东转让股权,或故意刁难其股权转让怎么办?

我的同学老李是一家化妆品公司的小股东,在公司占股15%。老李和其余的5位股东是大学时期的好友,6个人从创业到发家,一起经过了很多的坎坷和磨砺。2017年年末,由于公司的运营观念老旧,经营状况并不是很好,盈利越来越低,老李决定自己单干,于是计划将自己在企业中所持的15%股权转让给名校毕业的高才生侄子。

这一决定遭到了公司其余5位股东的反对,股东们认为,虽然老李的侄子是名校毕业,但还是过于年轻,不能胜任股东这个职位,并要求老李继续担任股东。在几次商议中,老李与几位股东势同水火,互不让步,大家的感情也面临破裂。

老李为此很苦恼,自己已不愿回到公司继续担任股东,但是面对那帮朋友的不依不饶,老李实感无奈,于是只好向我电话求助。

其实,老李的遭遇很多人都经历过,对于自己参与创业的公司,由于种种原因想抽身而退,却遭到大股东们的集体反对。自己占的股权比例小,在公司里本就没有什么话语权,现如今,就连退出都不能自己说了算。

大股东不同意转让股权，小股东就真的只能忍吗？面对大股东的种种刁难，小股东该如何抽身而退？

事实上，股权转让是每个合法股东都有的基本权利，在转让股权时，首先应该遵照公司最初的章程规定办事。如果公司章程中并没有明确规定股东的退出和转让机制，这时候就需要召开股东大会了。

一般来说，老李如果想转让自己的股权，需要经过半数以上的股东同意。如果半数股东都不同意，而老李依旧坚持转让，那么股东就需要实行自己的优先购买权。如果股东均不行使自己的这项权利，在法律上则被视为同意这次转让。

经过我的讲解与开导后，老李意识到，自己之前急着转让，并没有与其余的5位股东好好谈谈。最后，老李决定心平气和地就转让事宜召开了一次股东大会。在会上，老李说明了相关法规条款，并表明自己多年来与公司、与朋友都有深厚感情，转让股权引入新人才，也是为了公司着想。如果股东们确实无法接受侄子这位高才生，自己也愿意将股权转让给他们。

5位股东最后愿意收购老李手中10%的股权，剩下的5%同意转让给其侄子，并承诺如果老李的侄子能经营好公司，股东们愿意将10%的股权再低价转让给其侄子。这场因股权转让而引起的不快，最终圆满解决。

经营之道在于有效沟通，人与人之间的很多矛盾都源于沟通不畅。因此，当矛盾发生时，首先要检查一下自己的表达是否不够清晰，导致对方接受和理解出现偏差。尤其作为弱势方的小股东，更要注意沟通技巧。例如，案例中的老李和5位股东朋友，从起初的剑拔弩张到最后达成和解，与老李沟通方式的改变有极大关系。当然，有些企业的大股东如果实属故意刁难，那么作为弱势股东，也必须毫不犹豫地拿起法律武器维护自身利益。

第84问 在不继续出资的情况下，如何防止控制权被稀释？

2014年，阿毛与朋友阿旺、阿达三人一同创立了一家公司，公司最初注册资金为100万元。其中，阿毛出资20万元，占股20%；阿旺出资30万元，占股30%；其余50万元均由阿达出资，阿达占股50%，为公司的最大股东。

2016年，经过两年的妥善经营，三人的公司估值已达500万元。为了公司的长远发展，三人决定进行融资。经过努力，一家投资机构准备注资1 000万元。这本是件喜事，但是阿毛和阿旺却有些担心：自己本身股份就不多，如果后期再注入大量资金，自己的股权还能剩多少呢？阿达的股权是三人中最多的，但是这些股份能经受住几轮融资的洗礼呢？

身为企业的创始人，三人最初的目的就是希望能够当家做主，一旦股权被稀释，三人的企业很可能会因此拱手他人，有什么办法能保证不被"扫地出门"呢？

鱼和熊掌不可兼得，股权稀释在公司的后期融资中是不可避免的，毕竟新注入了资金，创业公司需要给投资者相应的股权。但是，股权被稀释，不代表控制权也被稀释了。不要简单地看股权占比的数字，而是要看自己手里的权利。

股权被稀释后，怎么掌控实权呢？在这里，我向大家推荐几种常用方式，来保障创始股东的权益。

1. 制订"反稀释"条款

在公司成立之初，制订相应的"反稀释"条款，以此来保护小股东的权益。反稀释条款就是反对股权摊薄，一般用在优先股协议中，是指在企业进行后续项目融资时，创始股东为了防止份额被过分稀释、避免股份贬值而采取的措施。这种方法常用于私募投资领域。

2. 制订股权比例维持、增资补偿等条款

一旦增资，股东的股权会被大量稀释，这时必须保证股东的股权在某一水平线上。这种维持方式可以是向其他大股东低价购买，也可以是股东间协议转让。

3. 制订虚拟的双层股权结构

所谓的双层股权结构，就是将股权分成两类，一类股权为创始人股权，二类为融资股权，在行使重大决策时，每一份一类股权将有3票决定权，而二类股权仅有1票决定权。由于案例中三人的公司并未上市，还未能发行股票，因此我建议他们可以暂时以百分比作为计量单位，例如，每0.01%的股权将被计为1票。

这个决定权票数并不是随便定的，要根据对企业价值的估算，未来计划融资的金额及分配出去的股份来定。

双层股权结构的可行性比较高，著名的双层股权结构成功案例就是谷歌、Facebook、百度、福特汽车、华盛顿邮报等企业。

以福特汽车为例，福特汽车的股份分为A股、B股两种，其中B股只能由福特家族的成员持有，而福特家族成员只要保证家族持有的B股数量大于6 070万（约合4%），即可保证福特家族能够持有40%以上的投票权。而其他股东无论拥有福特汽车的多少股份，都只能享有60%的投票权。

在这样的双层结构下，既能保证企业拥有足够的股权份额吸引融资、招揽人才，又能将控制权牢牢地握在企业创始人手中。无论经过多少轮融资，只要

比例设定合理，就不会发生权柄外移的情况。

企业要融资，创始人股权被稀释是必然结果。但是股权被稀释不代表权利被稀释，只有清晰地认识到这点，并熟悉以上三种方法，才能把控好自己和企业的命运。

第85问 出资未到位或者到位后抽逃资金的股东可以进行股权转让吗？

小刘是我2017年结识的一个学员，从事美工设计，刚成为一家装修公司的股东，占股30%。有一次课后闲聊，小刘跟我说起他那30%股权的来历。原来，小刘所持的股权是由该企业原来的联合创始人许总所持，由于家中变故，许总无法继续参与企业经营，经过股东大会表决，同意许总将自己所持的30%股权转让给小刘。按照当时的估价，小刘以53万元获得了这部分股权。这本是一件喜事，然而让小刘烦心的是，在股权转让协议签署后的第一次股东大会中，小刘通过其他股东得知，许总当初在公司的出资并未全部到位。小刘担心自己的股东权益受到影响，因此向我咨询。

那么，许总这种情况可以进行股权转让吗？他和小刘签署的股权转让协议是否有效呢？小刘的权益能否得到法律保护？小刘该如何保障自己的权益呢？

事实上，这种情况在实际的公司运营中时有发生，股东未足额出资，或是抽逃出资都是比较隐秘的行为，很少被外人所知。在这种情况下转让的股权也称为瑕疵股权，而作为接受瑕疵股权的受让人，往往被蒙在鼓里，只有行使自己的股东权利时才会发现瑕疵。此时，双方签署的股权协议已经生效，股权受让方已成为公司的新股东。案例中小刘的情况就是如此。

根据《公司法》第三十三条的相关规定，尽管许总的实际出资并未到位，但在该公司中，股东名册和工商的相关记载中都有许总的名字，因此许总依旧是该企业的有效股东，具有股东的权益，而股权转让就是股东权益之一。就此来看，许总有权利进行股权转让。也就是说，小刘与许总签署的这份股权转让协议有效。但由于许总并未告知小刘自己身为股东的实际出资情况，因此，小刘有权主张撤销此协议。

股权转让生效后，如果受让人没有行使合同撤销权，那么，原本未足额出资或抽逃出资的股东是否就可以"溜之大吉"了？答案是否定的。也就是说，股权受让人在不知情的情况下接受股权，原出资不足或抽逃出资的股东仍须对公司及公司的债权人承担相应的补足责任。当原股东拒不履行该责任时，受让人有权依据《公司法》的规定提起股东派生诉讼，代表公司要求出让人立即补足出资，这样也可以防止日后与出让人共同承担连带责任。

如果股权受让人本身就已经知道该股东出资不足或抽逃出资，仍然与该股东以低价进行股权转让行为，那么，该股权转让协议就属于无效的。不仅如此，受让人与出让股东还应承担连带责任，包括补足出资等。

综上所述，小刘和许总的股权转让行为有效，但是因为小刘事先并不知晓许总未足额出资的事实，所以小刘有权以欺诈为由主张撤销此次股权转让协议。当然，如果该企业的运营状况较好，而小刘本身也并不愿直接放弃这30%的股权，那么可以找到许总，要求其承担相应的责任，补全出资。

商场犹如江湖，江湖有江湖的险恶和侠义，商场有商场的欺诈和利益。瑕疵股权就是一个欺诈的陷阱，作为创业者，应当脚踏实地，不挖坑涉险，不害人害己。而作为受害者，万一不幸掉进坑里，也不必懊悔，最重要的就是用法律捍卫自己的合法权利。

第86问 股权转让协议有哪些内容？无效的情形有哪几种？

有一位学员曾给我发了一封邮件，让我帮忙解答两个问题。我看过邮件之后得知，原来这位学员正在草拟股权转让协议，准备与一家公司签订股权转让协议。这位学员在邮件里说："我查了很多股权转让协议资料，还是一头雾水，生怕漏掉一些重要内容。股权转让协议到底涉及哪些内容？我怎样才能避免无效的股权转让协议？"

首先，一份完整的股权转让协议应包括以下内容：注明转让方和受让方的名称、地址、法人姓名及职务等；公司的简要状况及股权的结构；转让方的如实告知义务；转让方的转让份额，以及转让的价格和支付方式；股权的转让期限、转让的方式；股东身份确认时间的相关约定；股权转让的实际交接手续约定及变更登记约定；转让后，转让方的债权、债务的约定；股权转让后的权利和义务的约定；相关的违约责任；使用的法律争议解决办法；双方的联系方式及通知相关事项的义务；协议变更和解除约定的条件；签署协议并生效的约定；相关的保密条款；违约责任；其他附则；签订的时间及地点等。

那么，什么情形下的股权转让协议是无效协议呢？在这方面，法律法规大多有明确规定。在《中华人民共和国合同法》中，一旦出现以下情形之一的，合同判定无效。

①一方以欺诈、胁迫的手段订立合同，损害国家利益。

②恶意串通，损害国家、集体或者第三人利益。

③以合法形式掩盖非法目的。

④损害社会公共利益。

⑤违反法律、行政法规的强制性规定。

简单来说，股权转让协议的签署，应以公正、自愿、不损害他人利益为基本前提。协议的签订不存在恶意串通和其他非法目的，在不违反法律的情况下签订的协议即可视为合法有效。

第87问 股权100%转让后，目标公司所欠税款由谁承担？

2011年7月，合肥市产权中心接受委托，对中房合肥公司（中房置业）进行100%股权公开转让，中房置业的《资产评估报告》中说明了股权所对应的资产、负债等情况。在公告中，中房置业明确指出，未能在审计报告、资产评估报告等报告中披露的企业资产、负债都由转让方（也就是中房置业）享有和承担。

2011年9月，海亮地产公司以9.62亿元收购中房置业100%股权，并签订《产权转让合同》，海亮地产依照约定支付4.81亿元首付款。

2011年11月，双方办理工商变更手续，中房置业正式更名为安徽海亮房地产有限公司，原中房置业名下的项目也同时被转移至安徽海亮房地产有限公司。

在海亮地产接收中房置业后发现，该公司转让时未披露的信息中，存在严重资产不实及大量未公开的债务情况，并有大量的依法应补缴税款。仅税款一项，中房置业未披露的有：

① 2010年度，因财务处理不规范，中房置业广德分公司少缴纳税款，原中房置业为其代缴184.75万元，滞纳金51.67万元。

② 2009年7月，中房置业成立之初，中房置业从中房合肥公司无偿划转部分资产，划转总额5.3亿元，该笔资产应缴纳的契税（4%）、企业所得税（25%）均未办理纳税申报。

两项税款共计应缴1.56亿元。

依据合同约定，海亮地产应该如何合理地维护自身的权益呢？所欠的税款应由谁来承担？

事实上，在100%股权转让的实际操作中，类似案例中的情况时有发生。通常情况下，双方可以进行协商，商定如何承担后，签订合同并予以执行。同时，也可以进行书面约定，在转让方存在欠税的情况下，为减少受让方的损失，转让方应主动承担违约责任。

在本案例中，转让方中房置业与受让方海亮地产签署的《产权转让合同》不存在影响合同效力的违法条款，合同中的相关规定属于合法有效的约定。2010年度，中房置业广德分公司的税款作为转让前债务并未在评估报告中披露，海亮地产作为受让方，补缴的税款和滞纳金应从转让款中扣除。而2009年中房置业从中房合肥公司划转的款项，由于并没有办理税务手续，也未实际发生缴税行为，海亮地产并不能从转让款中直接扣除该款项。

可能有的读者会问：除被扣除转让款外，中房置业是否需承担其他责任？

转让方和受让方签署《产权转让合同》后，中房置业身为转让方，需依照约定将股权和其名下的项目进行100%的交割。本次《产权转让合同》约定的不仅是股权转让，还包括资产转让。因此，除了保证合同无瑕疵外，也应保证资产无瑕疵。

根据合同规定，中房置业的欠税行为已经违反了双方的合同约定，中房置业应承担由于资产瑕疵给受让方海亮地产带来损失的违约责任。

第88问 代持的股权变现后收益归谁所有？

2017年5月9日，长安责任保险股份有限公司的第一大股东长安担保收到了银保监会的发问询函。银保监会希望长安担保说明长安保险增资的认购资金是否为自有资金，是否与泰山金建有关联关系。

原来，长安责任保险股份有限公司的另一大股东泰山金建曾与天津中方荣信签订股权代持协议，由天津中方荣信出资1.78亿元，泰山金建用这笔资金认购长安责任保险股份有限公司1.5亿股的股权，所得股权收益归天津中方荣信所有。但随后这笔1.78亿元的资金疑似出现在长安担保的账户中。

长安保险的纠纷只是股权代持乱象的一个缩影，还有很多问题出现在股权代持中。

股权代持也称隐名投资，是指出资人经过与他人协商，将股东权利或义务交由他人履行。

我曾见过很多因股权代持而引发纠纷的案例，因此对于股权代持，我认为不到迫不得已就不要用，因为涉及第三方，细节更加烦琐，出现问题的概率非常大。

一般什么人会用股权代持呢？有三种情况：一是身份无法通过法律规定成为股东的，例如，外国人想要成为中国企业的股东，就要利用股权代持；二是不便出示真实身份的人利用股权代持；三是为了简化公司的股权结构，小股东将权利交由大股东代为执行。

在进行股权代持时，必须办理并保存好相关证件，如实际股东出资证明、股权代持关系证明等。除此之外，最好签订股权代持协议，在协议中将所有注意事项全部列出，如约束代持股东的规定、代持股东的权益、代持的股份变现后的归属等。股权代持如果没有违法，一般来说是具有法律效力的，但它依然存在无效的可能。

如果股权代持协议无效，那么实际股东的权益就全凭个人信用了。如果所托非人，那么极有可能发生代持股东否认代持的情况，从而所有权益被对方占为己有。很多意外情况也会让股权代持发生纠纷，例如，代持股东在离婚时将代持股权按照财产进行分割；代持股东意外去世，其继承人要求将代持股权当作遗产进行继承等，都十分棘手。

因此，在选择代持人时，要尽量挑选诚实守信之人，最大限度地保障双方利益。

即便股权代持协议有效，也无法成为实际出资人的护身符，《公司法》中规定：实际出资人未经公司其他股东半数以上同意，请求公司变更股东、签发出资证明书、记载于股东名册、记载于公司章程并办理公司登记机关登记的，人民法院不予支持。

简言之，如果没有经过其他股东半数以上同意，私自变更股权，实际上就失去了法律保护。

代持的股权变现如果没有出现意外情况，收益是归实际出资人所有的。但诚如大家所见，我已经列举了很多股权代持的问题，因此实际出资人能否真正拿到收益，实在难以判断。由于股权代持已经出现过很多纠纷，因此最高人民法院对于股权代持出台了相关司法解释。即便如此，股权代持依然属于股权转让中的一大"雷区"，读者朋友们须谨慎对待。

第89问　创始大股东去世后，股权如何处理？

2016 年 10 月 5 日，国庆假期期间，春雨医生创始人兼 CEO 张锐因病去世，享年 44 岁。而就在 2016 年 6 月，春雨医生刚刚获得了 12 亿元 D 轮投资，正在筹备 IPO 的相关事宜。在这样的节点，张锐的去世给春雨医生带来了不小的问题。其中最令人关注的，就是张锐去世后他的股权将被如何处理。

国人往往忌讳谈论身后事，然而世事无常，意外总是毫无预兆地降临。当身为创始人的大股东不幸离世时，如果没有遗嘱，股权处理起来就会更加复杂。那么，对于这些股权要如何处理呢？本着既能保护逝者家属的经济性权益，又有利于公司持续发展的原则，我们给出两种处理模式，第一种称为"子承父业"，第二种称为"舍生取义"。

1. 子承父业

所谓"子承父业"，就是法定继承人可以继承去世股东的股权。这里的"子承父业"之所以加了引号，是因为实际上并非特指去世股东的儿子，而是指优先继承人。例如，一个股东有 1 亿元的股份，去世后，按现行法律规定，其妻子首先可拿走 5 000 万元，剩下的才由其他人进行分割。因此，作为股东，本着对家人负责、对企业负责的态度，还是有必要事先做好约定，以防后患的。要知道，在现实中，因股东去世留下股权引起纷争，家人对簿公堂成为笑谈的案件时有发生，这足以引起我们的警惕。

2. 舍生取义

舍生取义就是牺牲小我利益，成就大我价值。舍生取义有三种方式：股份回流、股权捐赠和股份逐年递减。

（1）股份回流

企业可以规定，股东逝世当年，企业回购该股东 100% 的股权，以企业净资产每股收益价回购，折现后付给股东的继承人。企业回购的股份，可以在未来 3~5 年内用来激励公司的核心高管，或对公司有重大贡献的人。

很多企业家的孩子并不喜欢接受上一代人经营的事业。如果在这种情况下把企业股份留给孩子，对孩子来说未必是好事。不如企业回购股权，把股权用在刀刃上，这样的企业定能生生不息，长久发展。

（2）股权捐赠

企业可以规定，股东一旦离世，可以将其个人股份的 45%~55% 捐给国家或公司，剩余部分可由继承人继承。如果捐给国家，可以用作公益福利事业；如果捐给企业，则用来激励对企业有贡献的人。这是一种境界，也是一种精神。

（3）股份逐年递减

企业可以规定，股东逝世后，其股份逐年递减。假设该股东有企业60%的股份，在企业效力了20年的时间，那么他在企业享有的股份就按照20年平均递减，每年减3%，20年减完。换句话说，股东在公司工作时间越长，他的股份继承人享受股权收益的时间就越长。

在选择舍生取义的股权处理方式时应当明白，无论采用哪种方式，都会在一定程度上丧失股东权利。这种处理方式不是针对股权激励对象，而是面向所有的股东，这对企业家来说是一种挑战。

树长得再茂盛，总有落叶凋谢的时候，这是正常现象。倘若落叶变成继续滋养树木的养分，那也是功德一件。

第90问　父亲是职工持股会的一员，子女能否继承他的股权并享受分红待遇？

王阿姨是大厦的清洁工，每次上下班碰到时，我们都会打声招呼，闲聊几句。有一次，王阿姨把我拉到一旁，神情有些悲伤，问能否咨询我一个问题。

原来王阿姨的父亲在一家老国有企业干了一辈子技工，国企改制后，父亲也成了职工持股会的一员。现在父亲年事已高，身体抱恙，恐自己不久于人世，准备将财产分给子女。父亲打算将存款留给女儿，也就是王阿姨，将职工持股会的股权留给儿子。可是儿子有些不情愿，觉得股权能否继承还不一定呢，不如拿存款来得现实。

按照王阿姨的说法，她能分到多少财产都没关系，只要父亲晚年能走得安然就好。不过对于父亲职工持股股权到底能否继承及分红，王阿姨也有些疑惑，因此希望我能帮她解答。

职工持股会是我国国企产权制度改革的产物，具有特殊历史性，是由持有内部职工股的职工组成的，其性质类似于公司工会社团。职工持股会的资金仅用于购买本公司股份，并作为出资者按资本额代表持有内部职工股的职工行使股东权利，并且以出资额为限对公司承担责任。

职工持股会是公司的法人股股东，代表持股职工行使股东权利，并收取股份分红。也就是说，职工持股会相当于持股职工与公司之间的一个中介。持股会与公司是股东关系，持股会与持股职工是委托关系。持股职工与公司并非股东关系，持股职工要想行使股东权益，必须通过职工持股会来进行。

持股职工是符合条件的职工出资投入持股会成为会员，对持股会享有以下权利。

①参加持股会会员会议，享有知情权、表决权、选举权与被选举权等。

②持股职工对投入职工持股会的资金额享有资产权益，包括转让权。转让仅限于公司职工之间，或职工与职工持股会之间。

③享有分红权，按所持股份获得分红。

④享有继承权。但是这里的继承权并不是继承股东资格，而是继承所持股份变现后的财产价值。也就是说，当职工离世后，公司有权回购其股权。

⑤当持股会解散时,应按照持股会相关章程取得相应的财产。

⑥其他持股会章程规定的持股职工权利。

职工持股会是特定历史时期国企改革的产物,当遇到问题时,严格意义上来说,并没有法律制度可依,只能按照职工持股会的章程来解决问题。

回到本案例中,再来看王阿姨父亲的职工持股会的股份继承问题,答案就一清二楚了。按照职工持股会的规章,王阿姨的哥哥无法继承股权的股东资格,但是有权获得变现后的财产价值。

第91问　未成年继承人要求继承股权,被公司拒绝怎么办?

2014年3月,顾总与朋友小李、小王共同出资成立了一家美容美发有限责任公司,顾总持40%股权,并担任公司经理职位。在公司章程中,三人约定股东出资份额可以继承。

2016年,顾总身患重病,立下遗嘱:如果去世,在公司持有的40%股权和经理职位由儿子小顾一人继承。2017年,顾总病逝,小顾的母亲准备将小顾的名字登记在公司股东名册中,在办理股东变更工商登记时,遭到小李和小王的拒绝。两人称,小顾只有13岁,属于未成年人,年纪尚小,根本无法履行股东职责,做不了经理工作。他们只同意小顾享有股东的财产分红权益,但不能继承股东资格,也不能担任公司经理职位。

案例中顾总立下的遗嘱:小顾继承股东资格,并担任公司经理职位,是否有效?而两位股东拒绝执行,是否违法?我们来详细解读一下《公司法》和《中华人民共和国继承法》(以下简称《继承法》)的相关条款。

股权一般被认为是自益权和共益权的结合，自益权包括股利分配、剩余财产分配等财产性权利。共益权主要是参与公司经营管理的权利，也就是股东身份和资格问题。案例中小李、小王同意小顾享有股东的财产分红权益，也就是承认小顾的自益权，但是共益权呢？是否也能继承？

按照《公司法》第七十五条的相关规定，自然人股东身故后，其合法继承人可以继承股东资格，但是公司章程另有规定的除外。也就是说，《公司法》明确允许继承人继承股东资格，但是另一方面，也尊重股东们的自治理念，允许股东们在公司章程中自行约定股东资格继承问题，前提是不得违反《继承法》的基本原则，不能剥夺继承人获得与股权价值同等的财产权利。

案例中三位股东在章程中同意股东出资份额可以继承，也并未约定股东资格不能继承。也就是说，依照顾总遗嘱，小顾可以依法继承其父亲的股东资格。如果当初三位股东在公司章程中明确约定出资份额可以继承，股东资格不能继承，那么小顾就不能继承股东资格。

案例中小李和小王之所以认为小顾不能继承父亲的股东资格，理由是小顾是未成年人。这种理由是否靠得住？其实，在《继承法》中并没有相关条例提到禁止无民事行为能力和限制民事行为能力的人成为合格的继承人。反而明确规定，如果继承人无民事行为能力或限制民事行为能力，可由法定代理人代理接受或放弃继承的行为，且不得损害其利益。案例中，小顾虽然为限制民事行为能力人，但是依然可以继承股东资格，并由其母亲作为法定代理人代为履行股东权利。而小李和小王认为小顾不能继承股东资格，不配合进行股东变更手续，这种做法也违反了《公司法》的相关规定。如果协商不成的话，小顾母亲有权代替小顾提起诉讼。

下一个需要解决的问题是，小顾能否继承经理职位？

企业的高级管理职务，如经理、董事、监事等均有人身专属性，是经过特定的程序产生的，因此管理职务不能继承。虽然顾总在遗嘱中明确表示将职位给小顾继承，但是这部分遗嘱内容应属无效。

股权继承的问题牵扯到家事和公司事务，处理起来相对复杂。在现实中，公司股权继承纠纷的案例也屡见报端，其间的种种是非曲直，只能从相关法律中寻找答案。当然，为了有效避免股权继承纷争，防止因人员更迭而带来的公司动荡，最好的办法还是未雨绸缪，即股东们在公司章程中明确约定股权的继承问题。

第92问　股权是否可由多个继承人继承？

> 2002年，孙先生和朋友小王、小张共同出资成立了一家皮具设计有限责任公司，孙先生占股60%。
>
> 2014年孙先生出差遭遇洪水，不幸去世。孙先生的妻子和两个儿子都有权继承丈夫（父亲）的公司股权。那么这三个继承人能同时继承股权吗？还是只能选择一人继承股权？如何操作对公司发展更为有利？如果有限责任公司的股东人数达到50人上限，多个继承人还有权继承股权吗？

股权代表股东资格，当继承人继承了股权时，也意味着成了公司的股东。如果某一股东意外去世，没有留下遗嘱明确指明继承人，那么按照法定继承办理，就很有可能出现两个或两个以上的继承人。此时，这些继承人是否可以共同继承这一股权呢？在我国《公司法》中并没有详细规定。也就是说，一般情况下，多个继承人只要按法定份额继承相应的股权，就能分别登记为公司股东，可以独立行使股东的自益权和共益权。

但是对于公司来说，如果多位继承人能抱团行使一个股东资格，将更有利于公司的决策和发展。我们知道，有限责任公司是基于股东间的依赖组建的团队，若一位股东去世，由多个继承人各自取得股东资格，相互间不熟悉，不了解，很容易破坏股东间的相互信任关系，也容易引起公司决策的分歧和矛盾，影响公司的正常发展。这在一定程度上违背了有限责任公司的人合性质。

多个继承人之间可以通过股份转让、赠送、放弃等形式，把自己的继承份额转移到同一个继承人身上，这样的继承方式更有利于公司发展，也更符合公司成立的初衷。

如果多个继承人不转让、不放弃各自的股权，那么就组建一个继承共同体，取得股东资格。这个继承共同体需要推荐一个继承人的代理人，参与公司的日常经营管理。对于公司决策，几位继承人需达成一致意见后，再交由代理人在股东会议上讨论。也就是说，各个继承人不具有股东资格，无权独立参与公司股东会，个人意见不能作为股东会的参考意见。而各个继承人行使股权的利益风险由继承人共同承担，继承人之间的利益冲突也与公司无关。这样的决定也避免了因股东更迭而影响公司的正常发展。

当股东人数达到上限时，例如，公司股东有49人，只能由一位继承人来继承股权，此时该怎么办？只能在继承人之间协商决定，如果协商不成，则由法院根据实际情况进行判决处理。

财产继承比较复杂，而股权继承更应谨慎对待，一念之差，也许就会带来不可估量的损失和纠纷。

第93问　股权继承需要缴税吗？可以规避税款吗？

2014年，上海某家居有限公司由李某、张某和田某三位股东共同出资设立，注册资本为100万元，三位股东分别占股40%、30%和30%。公司章程中约定：股东之间可以相互转让全部出资或部分出资。2016年3月，李某因交通事故不幸去世，李某的父母和妻子协商后，

> 达成一致协议：李某的40%股权由妻子孙某继承。那么，孙某继承的40%股权需要缴税吗？

股权作为一种特殊的财产，在直系亲属之间可以继承。那么，直系亲属之间的股权继承与赠予是否需要纳税，现实中很多人可能都不清楚这个问题。下面从营业税、个人所得税、印花税三个税种来详细讲解。

1. 营业税

财政部、国家税务总局在《关于股权转让有关营业税问题的通知》（财税〔2002〕191号）里明确规定，对股权转让不征收营业税。也就是说，直系亲属间的股权继承与赠与行为不需要缴纳营业税。

2. 个人所得税

直系亲属之间的股权继承与赠予是否需要缴纳个人所得税？截至2018年年中，财税部门尚无明确规定，因此无须缴纳个人所得税。

3. 印花税

《中华人民共和国印花税暂行条例》规定：在中华人民共和国境内书立、领受本条例所列举凭证的单位和个人，都是印花税的纳税义务人，应当按照本条例规定缴纳印花税。产权转移书据是指单位和个人产权的买卖、继承、赠予、交换、分割等所立的书据。股权赠予和继承应按"产权转移书据"贴花，税率为所载金额的0.5‰。也就是说，直系亲属在赠与或继承过程中，按股权面值的0.5‰的税率来计算缴纳印花税即可。

回到本案例中，妻子孙某继承丈夫40%的股权，不需要缴纳营业税和个人所得税，只需按股权面值的0.5‰缴纳印花税即可。

第94问 如何办理股权继承的手续？办理股权继承公证需要提交哪些材料？

2007年5月，霍某、宋某、孙某、岳某四人合资，于广东成立了某贸易公司，该公司注册资本为100万元，四人股权结构为：霍某20%、宋某30%、孙某25%、岳某25%，法人代表由宋某出任。

2012年3月，宋某因车祸去世，宋某的父母与妻子王某同为第一顺位继承人，经三人商议决定，除宋某的部分固定资产外，宋某的30%股权全部交由其妻子王某继承。协商一致后，王某携带协议书到公司，要求公司将其名字加入股东名册，并办理变更手续。

2012年4月，公司召开股东大会，达成"拒绝王某加入公司股东"的一致决定。

王某认为公司的这项决定十分不合理，自己身为宋某的第一顺位继承人，理应有权继承宋某的股权并成为股东。但公司其余三位股东认为，从能力上看，王某并不能胜任公司股东一职，因此三人认为对于王某的股权继承，可以给予相应的股权收益，但不能给予其股东身份。

在本案例中可以看到，股权继承的方式与其他遗产继承存在一些差别。《公司法》第七十六条明确规定，自然人股东身故后，继承人有权继承股东资格，但公司章程另有规定的除外。股权的可继承性是不必质疑的，那么在股东身故的情况下，应当如何办理股权继承呢？

首先，在公司如果只有两位股东的情况下，其中一位股东身故，由于不符合《公司法》的相关股东人数规定，剩余的股东只能申请解散公司，清算资产，将继承人应继承的部分按照股权比例予以继承。

如果公司拥有股东人数在两人以上，按照《公司法》的相关规定，可按照如下程序进行继承。

①继承权公证。由公证机关依法公证，确定继承人身份，对死者私有财产及身份材料进行一系列的审核后，出具公证书。

②公司召开股东大会。按照《公司法》与公司章程的规定，由股东表决是否同意继承人继承去世股东的股权及股东职位。如果股东不同意转让，则不同意的股东有权行使优先购买权，并将股权转让所得一切费用作为遗产由继承人继承，如果不出资购买，则视为同意转让。

③公司将继承人的姓名、股权占比等信息记入公司股东名册。

④修改公司相关章程。

⑤去相关机关办理工商变更及变更手续。办理股权继承公证时，需要准备以下材料：当事人身份证明（全部合法继承人的身份证复印件）；去世股东的死亡证明（火化证、户口注销证明、医院或公安机关出具的死亡证明）；与死者的关系证明（须罗列死者的父母、爱人、子女）；经商议放弃股权继承权的继承人需提交放弃继承权的声明书；死者在公司的出资证明；经备案的股东名册；公司章程（须经工商局行政管理机关进行备案）；公司的资产评估报告。

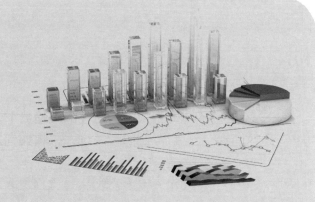

第 9 章

股权战略大跃迁：弯道超车，迎接中国"股权时代"的到来

高水平的赛车手往往在弯道上实现超车，领跑对手；有魄力的企业家善于在危机中发现机遇，创造财富。这是一个创业的时代，是一个股权的时代。站在投资的风口，英雄不问出处，只问有无股权。

第95问 开放融合时代的大趋势下，
中国股权市场未来将如何发展？

我在2010年创办了华一世纪企业管理顾问有限公司，在公司成立之初，参加企业股权激励培训课程的学员并不算多。记得那时候销售人员总跟我吐槽，说她跟客户只是解释一下股权激励的概念，就费尽了口舌。如今只要一提起股权激励，客户们都了然于胸。尤其近几年，我们的导入班、精华落地班、领袖智慧班三个培训班的学员几乎期期爆满。由此可见，国内的股权投资是多么炙手可热。

那么，在这个开放融合时代的大趋势下，正在飞速发展的中国股权市场又将如何发展呢？想知道一个市场的未来走向，就必须清楚这个市场之前的发展状态。

近年来，我国的风险投资和私募股权投资飞速发展，无论是市场规模，还是资金的筹募、投资及推出的机制都取得了很大进展。股权投资已经占全国GDP的1.5%，这意味着市场已经进入一个新的发展阶段。尽管与美国市场有着一定的差距，但就增长趋势及市场环境而言，我国股权投资市场依然具有很大的发展空间。

截至2017年年底，全国股权投资募集到的基金数量已经达到2 574支，同比增长30.5%；募资金额达到1.78万亿元，同比增长46.6%；全国股权市场的资金管理量已经达到8.7万亿元。最让投资人欣喜的是，2017年，我国股权投资成功的退出案例已达到3 409笔。

在2017年7月结束的全国经济会议中，李克强总理指出，股权融资应积极有序地发展，提高直接融资的比重，并增强资本市场为实体经济服务的功能。同年 8 月，国务院发布《私募投资基金管理暂行条例（征求意见稿）》，正式填补了私募股权基金在法律政策上的空白。这意味着，股权投资市场"乱象丛生"的格局将得到约束，投资者的权益已经得到了相关法律法规的保护。未来的市场资金将会进一步向实体经济倾斜，资本市场直接融资实体经济的机会已经到来，金融市场将进入多层次发展的大趋势。股权投资市场作为我国金融体系中多层次资本市场的重要一环，将在服务实体经济、推动经济发展中担任重要角色，股权投资市场将朝着为国家服务的方向稳健发展。

新兴产业的市场竞争日趋激烈，为求生存，各大企业不断进行产业并购与整合。互联网行业资本持续注入，新兴产业企业估值一路飙升，产业下的细分产业竞争如火如荼，企业更需要提升自身的竞争优势和市场地位，这也促使兼并、收购的情况越来越多。行业竞争需要经济的支持，而日渐激烈的竞争，也意味着目前市场上对经济领域企业的需求越来越大。

未来的产业转型，以及经济高质量地发展都将推动我国股权市场的逐渐发展。

综观 2017 年的市场全局和政策变化，股权市场的正规化、对投资人权益的保护、实体经济的高速发展，无一不在告诉我们，我国已经进入了一个股权市场飞速发展的阶段。在未来的时间里，股权投资人要面对的是一个高度健康的投资市场，而股权市场也正在向为全国经济大市场服务的新高度发展。

面对这样一个稳健发展的股权市场，我们要做的不是质疑和犹豫，而是了解和参与。我们完全可以预见，在未来的几年甚至十几年内，股权市场将会是一个风险与收益并存的投资风口。

第96问　为什么说未来10年是股权投资的10年？个人如何参与？

正所谓"人无股权不富"，在众多名人、企业家纷纷通过股权投资实现财富飞速增长后，股权投资的神秘面纱也逐渐被揭开，广大的普通投资者也开始加入股权投资行列。

很多人说，未来的10年是股权投资的10年，其实这句话说得并不全对。在企业中，股权一直存在，只要企业在成长、在发展，就需要依托于股权投资来提供企业成长所需的资金。也正因为如此，股权投资的发展绝不仅仅是短短的10年，这个时间会伴随着经济市场的发展，越走越远。

那么，是什么让股权投资有如此高的热度呢？

1. 股权投资行业的增长速度

越来越多的企业需要成长，这就促使与其密切相关的投资行业快速成长；无论是规模上还是数量上都在稳步且快速地上升。

2. 股权投资的高收益

> 曾经投资58同城的赛富，赚了48倍。
>
> 曾经投资聚美优品的徐小平，赚了800倍。
>
> 曾经投资腾讯的米拉德，赚了2 000倍。
>
> 而为阿里巴巴投资的软银，足足赚了3 000倍！

相比理财、保险等投资手段，股权投资的倍数增长利润显然更能吸引投资者的眼球。加上新闻、网络及各大媒体经常宣传的投资神话，不断地挑逗着投资者们跃跃欲试的神经。

3. 大众的接受程度较高

经过多年的发展，在大众看到股权投资的利润后，接受程度已经十分高了。如今再也不是从前那个提到股权投资，身边的人就会一脸茫然甚至怀疑被骗的时代了。股权投资已经进入了一个飞速发展的阶段，参与股权投资的人会越来越多。

既然股权投资有如此大的收益，那么个人能否参与其中呢？个人又应该如何参与股权投资呢？

身为不具备专业理论知识的普通投资人，空有一颗想参与股权投资的心，奈何看不懂财务报表，分析不了公司状况，更别提拥有大量的企业鉴别经验了。事实上，投资人自行寻找项目并直接投资的风险是十分大的，专业知识的缺乏，鉴别经验的不足，都有可能让普通的投资者血本无归。

我在这里主张，"专业的事要交给专业的人去做"。所谓"术业有专攻"，专业的机构对于市场和企业的发展有着较为专业的鉴别能力。对普通个人投资者而言犹如天书的各项报表、企业分析等，对专业机构而言则是易如反掌。因此，个人如果想投身于股权投资中，最好的办法就是寻找一个机构，跟着"领投人"投资。这样可以参与到更多项目的投资中去，不仅能分散投资风险，还能在投资中与自己的投资伙伴多多交流与学习。

如何判定自己适合哪种股权投资呢？大致有以下4个标准，大家可以对照参考。

①公募股权投资门槛较低，手头有1 000元即可参与，但私募股权需要较高的门槛。

②投资者需要具备较高的风险承受能力及风险识别能力。

③单只私募基金的投资金额须达到100万元。

④如果是个人投资者，资产应不低于300万元，或三年平均年收入高于

50万元。

股权投资存在一定的风险,在投资前,投资者应当对股权投资有一定的了解,并选择可靠的机构进行跟投。股权投资将在未来发展中带领更多的人致富,也将为更多的企业带来发展空间。抓住这个机遇,对投资人来说是至关重要的。

第97问　如何设计中小企业未来10年的股权规划目标?

目标是行动的指明灯,是前进的动力。股权激励是基于未来创造价值,因此,企业的目标显得尤为重要。没有目标,谈何规划?只有目标明确,才能制订股权规划。那么,目标怎么制订呢?首先,要进行五大思考。

1. 预测宏观和微观的变化

未来10年,企业将会变成什么样?行业格局又将是什么样的?从宏观角度来看,世界商业格局、国家政策导向将是什么样的?企业所在行业会形成什么样的竞争格局?从微观角度看,企业内部和外部可能会发生什么变化?

2. 明确定位

企业家希望自己的企业处于什么位置?自己又扮演什么角色?未来5年,市场竞争依然非常残酷,品牌生存,赢家通吃,企业将变成一个多元化的集团,还是一家上市公司?抑或是明星企业?

定位决定地位,企业的定位是企业家们需要仔细思考的问题。

3. 找准核心竞争力

成为自己理想中的角色,企业必须具备什么样的核心竞争力?

一家企业要从市场红海中拼杀而出,拔得头筹,就一定要具备核心竞争力。

4. 看清现状和差距

当下的企业是什么样的？自己的企业又处在什么样的水平？哪里需要发扬，哪里需要完善？企业家应清楚地看到自身的不足。

5. 制订应对策略

企业立刻要改变和调整的是什么？明确了定位和核心竞争力，看到了现状和差距，此时就要下定决心，找出需要立刻改变的事。

思考清楚以上5个问题后，企业的目标也就明确了。此时就要开始做股权规划。在具体操作方面需要遵循5个法则。

1. 划小经营单位并独立核算

销售部、后勤部、研发部、财务部等各个部门都可以划分成本、独立核算。举个例子，财务部门计划配置50个人，成本预算500万元。这500万元就是一个指标，如果实际人员配置是45人，这些优秀的员工在一年内完成了企业内部交付的所有财务工作，那么财务部实际花出的成本只有450万元，这就产生了盈余。这50万元的利润就可以用到股权激励上去。

2. 细化目标

必须由部门负责人向下属员工阐述各个部门的激励目标，并将之细化，做到科学、清晰地呈现。例如，将整个目标分解成12个月，再分解成52周，再分解成365天。谈到具体的目标价值时，必须要数据化、标准化，只有框架清晰才不是空谈。

3. 确定部门目标及机制

首先要确定一个保底目标和一个挑战目标，例如，企业将保底目标设定为总销售额1亿元，挑战目标是1.2亿元。如果按时完成保底目标，企业给项目涉及员工底薪是1万元，同时提供销售提成1%，超额激励1.2%。如果员工们希望收入更高，就会向挑战目标冲刺。完成挑战目标，底薪提高到1.2万元，提成提高到1.2%，超额奖励提高到1.5%。

4. 宏观的任务统筹与精确的目标分解

每个部门要向其上级部门提交书面的年度工作计划表,年度目标和月度目标要求非常精准。

5. 书面承诺

必须与被激励者签订"军令状"、责任书,并当众承诺,要签订股权激励协议,做到公众监督。所谓先小人后君子,书面承诺永远比口头承诺更有约束力。

企业制订目标要符合实际,切忌好高骛远,否则就成了纸上谈兵。规划要脚踏实地,要精细化运作,要用数据说话,如果规划浮于表面,那么目标也就成了一纸空谈。

第98问　如何用股权众筹支持企业的创新发展?

中国的股权众筹行业已经迎来了高速发展期,在这个人人创新、人人创业的大时代,我国的企业犹如雨后春笋般崛起,传统形式的金融机构已经很难全面照顾到企业发展的需求。在这种情况下,股权众筹作为一种新兴的融资方式,对于解决企业发展创新所需资金有着重要的意义。

据粗略估计,截至2018年年中,国内缺乏资金的中小型新兴企业已达300万家,这样庞大的数目光靠传统VC、PE的帮助,几乎是杯水车薪,难以实现。银行担心创新企业坏账概率大,传统方式又无法全面覆盖,这些都是企业创新发展的阻碍。京东、淘宝等众多大型众筹平台的登场,正好填补了这个缺口。按照以往的数据显示,一家股权众筹平台能帮助到的公司就达到1 000家。这种融资模式惠及的企业数量是传统融资模式的近百倍。

大量民间资本的入场,给各个原本资金不足的企业带来了丰厚的资本支撑,使很多初创企业避免了"出师未捷身先死"的悲剧。可以说,股权众筹是小微企业寻求支持的一个重要途径。

当然,股权众筹对于企业的帮助远不只资金问题,企业还能借助众筹平台有效地宣传企业形象和项目。例如,京东的股权众筹平台内测时曾亮相多个"明星"项目,从智能温控器、吻路由到扫描仪,大量新兴项目的亮相直接获得了多个机构的捧场。京东身为国内知名的大型电商平台,民众的关注度极高,其涉足股权众筹行业无疑是为股权众筹狠狠地提高了一把知名度。

事实上,股权众筹除了帮助企业快速募集到资金,增加企业知名度和曝光度外,优秀的股权众筹平台,还能依靠完善的监管制度,促使企业更好、更稳定地发展。另外,投资人为了让自己的投资不至于落空,也会密切关注并宣传项目,利用自己的人脉能力为项目带来帮助。

毫不夸张地说,对于一个需要创新、需要发展的企业,股权众筹的时效性、迅速性、监管性、曝光度都能为企业带来巨大的帮助,是决定初创企业生死的关键一步。

那么,作为创业者,如何更好地利用股权众筹帮助企业发展呢?可以从以下几个方面着手。

1. 选择平台

选择一个优秀、权威的众筹平台来宣传自己的企业项目。一方面,权威的众筹平台会获得更多投资者的关注和参与;另一方面,权威众筹平台的管理更加完善且规范。

2. 完善资料

尽可能地完善自己需要众筹的项目资料,并主动宣传,增加投资人的信任度。酒香也怕巷子深,一个项目再有创意,再具有市场前景,首先要做的还是推销出去,让投资者感兴趣并获得支持。

3. 合理安排资金

募集到资金后，要合理地安排资金的使用，钱要用在刀刃上。众筹到的资金虽然不是从自己口袋掏出来的，不用承担亏损后果。但凡成大事者，都有颗担当的心，拿钱办事，就把事办得漂亮，让大家满意。

4. 做好后期管理

只有让第一批投资人感到放心，才更有利于企业吸引后期投资。

5. 及时反馈平台所需的后期信息，建立良好信誉

创业者经营的不仅仅是项目，更是个人品牌和信用。创始人良好的个人信用体系直接关系着企业的命运。

股权众筹是投资者和企业的一场双人舞，投资者既然选择这个舞伴，就要相信对方，紧跟对方的每一个舞步。当然，身为企业，也需要给予投资者更多的信心，唯有如此，双方才能跳出一场完美的圆舞曲。

第99问 股权相关政策未来可能出现哪些变化？

政策是风向标，三流的投资者会关注政策，二流的投资者会解读政策，一流的投资者则会预判政策。那么，股权投资市场的政策未来可能出现哪些变化呢？结合当前投资市场和相关政策，我们略作推测，与有识之士进行探讨。

中国正处于经济转型时期，而股权投资市场助推经济转型，支持新经济发展，为社会发展做出重大贡献。证券投资基金业协会有数据显示，截至2017年年底，在已备案的6万多支私募基金中，私募股权投资基金就超过2.1万支，人民币基金是股权投资市场的主要力量。就股权投资市场规模而言，我国已成为全球第二。

未来各类股权投资将与科技创新更加紧密融合，不断加强服务实体经济的

能力。鉴于股权投资的重要性，以及其中存在的风险，我们预测股权的相关扶持政策和监管政策会不断跟进，以确保股权投资市场更加健康地发展。

1. "双创"政策继续推动股权投资市场健康发展

"双创"即"大众创业、万众创新"。在国家发出的"双创"政策的号召下，大量的优惠政策也开始推行。例如，对于众创空间等办公用房上给予优惠；在税收上，对孵化机构及小微企业等给予支持；在创业环境上不断改善，取消妨碍人才自由流动和自由组合的户籍、学历等限制；在资本市场上，政府引导基金先行，支持创新投贷联动、股权众筹等多种融资方式。这些优惠政策极大地保障了股权投资的可持续性和可选择性，促进了股权投资的健康发展。相信在未来一段时间内，这些优惠政策会继续推进。

2. 继续完善多层次资本市场，力争退出渠道多元化

我国资本市场分四个层次。一板市场也是主板市场，是沪、深两市A股当中以"60"和"000"开头的股票；二板市场主要是深市当中的中小板和创业板；三板市场的正式名称是"代办股份转让系统"，分老三板和新三板，新三板为处于初创期的中小企业提供资本市场服务；四板市场是区域性股权转让市场，主要是促进中小微企业股权交易和融资，鼓励科技创新和激活民间资本。

党的十九大提出"深化金融体制改革，增强金融服务实体经济能力，提高直接融资比重，促进多层次资本市场健康发展"。在这个背景下，国家将进一步强化A股市场IPO发行、CDR试点和H股发行制度改革，为股权投资的退出机制创造多元化选择。持续推进市场化并购重组，继续深化新三板市场改革，提升新三板的活跃度和流动性，更好地发挥融资功能。A股市场退出渠道不断升级，为私募股权投资退出也提供了更多选择。

3. 以政府引导基金促发展，完善私募基金监管体系

政府引导基金是由政府设立并按市场化方式运作的政策性基金，目的是增加股权投资的政府资金供给，促进创新企业的股权融资。政府引导基金是私募股权投资发展的重要推手。除了政策扶持，在私募基金的健康发展方面，加强监管也是一种手段。2016年，监证会和基金业协会发布了一系列关于私募基金的监管新规，2017年下半年，国务院法制办公室发布《私募投资基金管理暂行条例（征求意见稿）》，这意味着私募基金的监管即将上升到行政法规层面。另外，针对私募股权投资基金的税收政策也会逐渐明确和完善，将会创造公平、合理的税收环境。

综上所述，可以看出国家的政策对股权投资持优惠和扶持态度，这些利好政策就像强心剂，注入股权投资市场，大大增加了投资者和投资机构的信心。只要股权投资市场有利于国家经济发展，相信未来的政策基调就不会改变。另外，伴随着利好政策的出台，各投资领域的监管政策应该也会陆续出台。利好和监管，双管齐下，才能为股权投资市场的健康发展保驾护航。

第100问 在股权设计方面，企业未来面临的最大风险是什么？

股权激励做得好，是企业的加速器，做不好，也有可能是给自己挖了个坑。我和团队经过这么多年的考察和统计，发现实施股权激励有几个风险最难躲开，也最让企业老板头疼。在这里，我详细做一番阐述。

1. 企业高管收入大幅提升，而企业效益却大幅下降

高管层收入上升，股权激励的大方向其实没有错误，企业在向前发展，员工的积极性也有所提高。主要问题在于，股权激励制度中的某些细节没有落实，例如，前期在考虑股权配置时没有做好充分的权衡工作。此时需要做的是，寻找各个环节中可能产生的问题，查缺补漏，寻求企业和管理层的平衡发展。

2. 高管辞职套现，导致人员动荡

企业核心高管对公司的实际经营情况最清楚，当公司已经发展到一定高度，股价达到一个峰值时，高管难免会动心，为了逃避法律约束，就会选择辞职抛售套现。商场如战场，高管在巨大利益面前，早已不在乎企业的最终命运。这并不是危言耸听，而是企业发展到一定阶段不可避免的现象，此类情况常常见诸报端。如果企业家在执行股权激励时预见了这种可能性，并针对这个问题完善机制、量化执行，将非常有利于企业稳定、长远地发展。

3. 股权激励执行不到位，使股权激励演变为股权纠纷

股权激励在执行过程中，如果不合理或者不严谨，会引起许多纠纷。这里讲一个典型的股权纠纷案例。

> 某企业董事长为了激励旗下高管，自愿将名下3.8%的股份赠给企业副总，并规定副总即日起在公司服务的时间必须满5年，如果中途退出，则以原值除以服务年限支付股权。第二年年末，董事长再次将名下0.7%的股份赠予副总，副总也承诺自此5年内，不以任何理由主动辞职，否则按约定向董事长缴纳经济赔偿。
>
> 但是，副总在第5年时辞职，董事长以未履行相关协议及承诺为由，将副总告上法庭。最高人民法院最终认为，因为缺乏支付款证据，副总首次得到的3.8%股份应属于董事长"赠予"。由于已过5年期限，因此对于董事长要求副总返还其受赠的全部股份不予支持。

这样的案例在企业中屡次上演，因此，股权激励制度务必做到科学完善，最重要的是要有具体约束，并落实到纸面上，形成文件。

4. 股权激励没有审查，缺少外部力量监督

不是所有企业都适合大刀阔斧地推行股权激励制度，一个企业的股权激励模式也并非一成不变。股权激励的方案设计如果存在缺陷，则会将企业置于进

退不得的地步。因此，企业如果有第三方机构进行监督和把控，就很容易看到问题所在，并能及时做出调整。

股权激励是实现企业家创业梦想的终极王牌，但是股权激励也是一项平衡的艺术，需要创业者考虑周全，权衡各方面因素，并且以前瞻性的眼光去看待正在发生及可能要发生的事情。唯有如此，才有可能避免出现股权风险，推动企业一步步走向辉煌。